2020年度河北省社会科学发展研究课题“古代文人画中的生活美学及当代价值研究”成果，课题编号：20200402052

2020年度河北省高等学校人文社会科学研究重点项目“宋代绘画中的文人活动与当代大学生美育研究”资助成果，项目立项编号：SD202012

沧州师范学院科研创新团队资助（团队编号：cxtdw1911）

古代文人画中的生活美学

刘晓宁 著

河北大学出版社

·保定·

出 版 人：刘相美
选题策划：杨显硕
责任编辑：韩立霞
装帧设计：赵 谦
责任校对：牟 霖
责任印制：常 凯

图书在版编目（CIP）数据

古代文人画中的生活美学 / 刘晓宁著 . -- 保定 ：
河北大学出版社，2021.10（2024.8 重印）
ISBN 978-7-5666-1829-0

Ⅰ . ①古… Ⅱ . ①刘… Ⅲ . ①生活－美学－研究－中国－古代 Ⅳ . ① B834.3

中国版本图书馆 CIP 数据核字 (2021) 第 199836 号

GUDAI WENRENHUA ZHONG DE
SHENGHUO MEIXUE

出版发行：河北大学出版社
地址：河北省保定市七一东路2666号 邮编：071000
电话：0312-5073003 0312-5073029
网址：www.hbdxcbs.com
邮箱：hbdxcbs818@163.com
印 刷：保定市北方胶印有限公司
幅面尺寸：170 mm × 240 mm
字 数：180千字
印 张：10.75
版 次：2021年10月第1版
印 次：2024 年8月第2次印刷
书 号：ISBN 978-7-5666-1829-0
定 价：35.00 元

目　录

绪　言 …………………………………………………………………………………（ 1 ）

第一章　从中国古典美学看古代文人画 ……………………………………（ 5 ）

第一节　中国古典美学中的生活性显现 ……………………………………（ 5 ）

第二节　古代文人画的产生与发展 …………………………………………（ 13 ）

第二章　古代文人画中的生活美学表现 ……………………………………（ 29 ）

第一节　独处与雅集的文人活动 ……………………………………………（ 29 ）

第二节　蕴含文人精神的古典建筑与园林 …………………………………（ 53 ）

第三章　古代文人画中的文人审美范式 ……………………………………（ 63 ）

第一节　古代文人的思想与艺术 ……………………………………………（ 63 ）

第二节　古代文人画的审美范式 ……………………………………………（ 79 ）

第四章　古代文人画所践行的生活美学理论代表性著作分析 …………（ 95 ）

第一节　《长物志》 ……………………………………………………………（ 96 ）

第二节　《闲情偶寄》 …………………………………………………………（103）

第三节　《园冶》《洛阳名园记》 ………………………………………………（108）

第四节　《遵生八笺》 …………………………………………………………（119）

第五节　《瓶花谱》与《瓶史》 ………………………………………………（125）

第五章　古代文人画中生活美学的当代价值 ……………………………… (128)
第一节　当代生活美学的构建 ……………………………………… (128)
第二节　古代文人画中生活美学的当代价值 ………………………… (143)

结　语 ………………………………………………………………… (155)

参考文献 ……………………………………………………………… (157)

后　记 ………………………………………………………………… (164)

绪　言

1922年，民国学者陈师曾在其《文人画之价值》中对文人画进行了深入探讨，他认为文人画是“带有文人之性质，含有文人之趣味，不在画中考究艺术上之工夫，必须于画外看出许多文人之感想”的绘画作品，包含了人品、学问、才情和思想四大要素。基于对文人画创作主体和创作方向的整体论述，文人画体系初见雏形。随着研究的深入，现今学术界对于文人画的研究主要集中在以下几个方面：

第一，以文人画的历史发展和“南北宗”观点为研究对象，以俞剑华的《中国绘画史》、卢辅圣的《中国文人画史》等为代表，在历史朝代的纵向时间轴中寻得文人画的发展脉络。

第二，以文人画的哲学内涵为研究对象，探讨文人画与中国古代思想观念中儒释道的关系，以朱良志为代表的学者在其《南画十六观》《中国艺术的生命精神》《生命清供：国画背后的世界》《文人画的价值》等成果中剖析了文人画的精神内涵。

第三，从文人画的艺术特征探究其价值，以林木的《论文人画》《明清文人画思潮》为代表。

第四，以文人画家的人格特征为研究对象，白琨的《中国古代文人画家人格建构研究的现代意义及启示》、郭长虹的《士大夫集团文化性格的完成与文人画的产生》等阐述了古代文人画家的出现发展、思维方式、人格建构等问题。

国外学者对于中国绘画的研究大多是以艺术发展的宏观视角和中西对比

的横向思维，密切联系社会背景材料，从当时经济、政治、哲学、艺术思潮中尝试中国绘画研究的新方法。如方闻、班宗华、高居翰等都为研究古代绘画进行了有益探索。但是专门研究古代文人画的成果还较少，只有卜寿珊的《心画：中国文人画五百年》。

综上所述，学术界在此领域的研究大多以文人及作品的某一方面为研究对象展开论述，而对古代文人画中的生活美学思想关注较少，尚没有全面研究。另外，对古代文人生活美学理论的代表性著作大多只是单本的分析，对古代生活美学理论体系在绘画中的视觉化呈现还有待深入系统研究。

陈师曾论文人画，认为其重要特性“是性灵者也，思想者也，活动者也”①，也就是说文人画要纳入天地万物之性灵，要蕴含古往今来之思想，还包括了宇宙永恒之活动。

美学家宗白华先生认为中国艺术的生发与接受带有强烈的感性色彩，要放弃理性的辨析和逻辑的推理，更适合以主体“艺术体验”的方式通过体悟去理解领会其中的美学甚至哲学思想内涵。例如他说：“西洋油画先用颜色全部涂抹画底，然后在上面依据远近法或名透视法（Perspective）幻现出目睹手可捉摸的真景。它的境界是世界中有限的具体的一域。中国画则在一片空白上随意布放几个人物，不知是人物在空间，还是空间因人物而显。人与空间，溶成一片，俱是无尽的气韵生动。我们觉得在这无边的世界里，只有这几个人，并不嫌其少。而这几个人在这空白的环境里，并不觉得没有世界。因为中国画底的空白在画的整个的意境上并不是真空，乃正是宇宙灵气往来，生命流动之处。”②“中国人画兰竹，不像西洋人写静物，须站在固定地位，依据透视法画出。他是临空地从四面八方抽取那迎风映日偃仰婀娜的姿态，舍弃一切背景，甚至于捐弃色相，参考月下映窗的影子，融会于心，胸有成竹，然后拿点线的纵横，写字的笔法，描出它的生命神韵。”③（图 1）

---

① 陈师曾：《中国文人画之研究》，天津古籍出版社 1982 年版，第 3 页。
② 宗白华：《宗白华全集》（第 2 卷），安徽教育出版社 1994 年版，第 45 页。
③ 宗白华：《宗白华全集》（第 2 卷），安徽教育出版社 1994 年版，第 144 页。

北京大学朱良志先生在前人研究的基础上，更深入地研究了文人画中的“生命体验”。他认为中国古代文人画不仅仅是对自然景物的描摹，而是在一笔一画的涂抹中融入了自身整个生命、思想与心灵的全部，蕴含了人类的沉思与智慧。逝者如斯夫，不舍昼夜。所以人们常常“生年不满百，常怀千岁忧”，寻找生命与自然的和解之道。“在这短暂的栖居中，真正的生命觉醒者，要作千年之调，艺术家的画是在作生命永恒的思考。”“绘画所记录的是人生命的觉解，文人画有一种强烈的‘先觉意识’——觉人所未觉者、启人所觉者，正与此有关。”① 文人画中的一朵花或者一片云，甚至是一丝水纹、一缕青烟，都是画家对存在思考的表达尝试（图 2）。

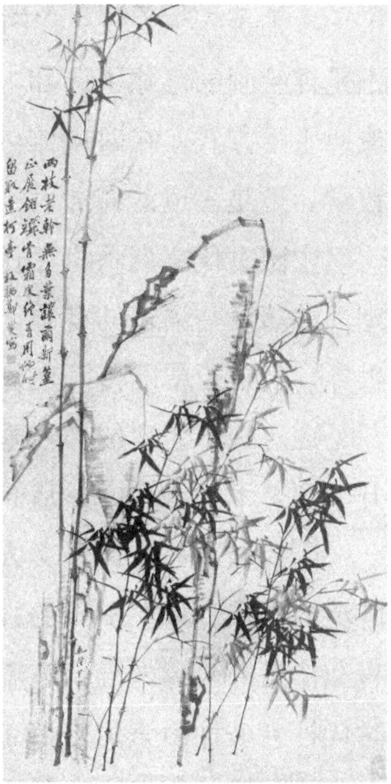

图 1　郑板桥　竹石图

图 2　马远　寒江独钓图

---

① 朱良志:《南画十六观》，北京大学出版社 2013 年版，第 11 页。

卢辅圣先生曾说："中国绘画史具有看似简便实则繁难的特点，就因为它不是纯绘画的。除了诗和书的介入，礼和乐这两个有着中国独特理解的艺术或曰生活方式，在时间维的过程体验角度上，也起了不可忽视的作用，至于哲学，更是一道汹涌浩大、无处不在的潜流。"①

中国古代文人画将存在与价值这个哲学命题以一种直观直觉的形式超越理性的藩篱与语言的有限，创造出一种涌动着生机与性灵的返璞归真的诗性世界，契合了中国传统文化"可意会而不可言传"的理想目标。而这种创造却是以对现实生活的细枝末节的体悟为基础，将日常一茶一饭中的烟火气息升华到艺术的审美中，从而奠定了古代文人画艺术坚厚的生活美学底蕴。

因此，本书在探讨文人画的生活美学过程中，对文人画的范畴有了更为广泛的界定：指在不同的社会背景下，中国古代文人画家进行绘画创作的过程和作品的全部内容。它不仅仅是指美术的一种形式，还延展成为一个受到时代社会多种因素影响和制约的多学科动态综合体系。在这样一个前提下，以当前生活美学理论的研究成果尤其是学术界对中国古典生活美学的研究为基础，从文本研究与绘画作品鉴赏入手，通过对古代文人画中的生活美学表现、古代文人的审美范式、古代文人画所践行的生活美学理论著作分析等方面的研究，阐释古代文人画中的生活美学，探索当代视野下其对现代生活美学体系建设的影响和价值成为文人画研究的一个尝试方向。在研究过程中，总体上借鉴美学、艺术学、社会学、文学、历史学等多学科的研究方法，在当前时代语境下，通过多种交叉学科的不同研究方法探讨古代文人画中生活美学的价值，并且将其与当代生活美学体系建立联系，试图为当今社会文化的和谐发展提供参考。

---

① 卢辅圣：《历史的象限》，上海书画出版社 2003 年版，第 38 页。

第一章　从中国古典美学看古代文人画

中国古典美学滋生于审美、艺术、生活通融一体的中国古代文化，是通过体悟生活本身的美感并上升到哲学层面的生活美学。而文人画是文人独有的思维方式和生活方式的综合与延伸，所以文人画中的生活美学是文人通过艺术方式实现的哲学思想和生命态度，是其回归到广阔生活和现实世界的人生理想。

第一节　中国古典美学中的生活性显现

对于中国古典美学的研究，除了有学者对某一时期的断代史研究以及具体某一流派、美学家、美学著作的研究外，在对于中国古典美学理论体系的整体阐述中，学者刘悦笛的研究更集中地关注了中国古典美学中的生活美学部分。刘悦笛认为，“生活美学”构成了中国古典美学的“根本生成范式”，“儒家生活美学”“道家生活美学”“禅宗生活美学”共同构成中国美学的“三原色”。而且就历史而言，从孔子和老子这两位古典美学的奠基者那里开始，中国美学就已经走上了“生活美学”的道路，直到真正地将中国古典美学的儒、道、骚、释的传统熔为一炉的思想大家王夫之。从“生活美学”的角度来看，中国古典生活美学形成了三次高潮，分别是“先秦生活美学”“魏晋生活美学”和“明清生活美学”。[①]

“一般说来，儒家的悦乐导源于好学、行仁和人群的和谐；道家的悦乐在于逍遥自在、无拘无碍、心灵与大自然的和谐，乃至于由忘我而找到真我；禅宗的悦乐则寄托在明心见性、求得本来面目而达到入世、出世的和谐。”[②]

儒家思想推崇积极入世，仁义中庸，关心现实，其思想学说在现实生活中的践行主要是人的伦理道德拥有治人治世的价值取向，追求群体秩序和整体利益的完美之美。儒家思想作为封建社会的主导精神根基，不仅直接决定了统治者对国家的统治，也影响到对国家文化政策方向的确定，进而影响了中国古代文化艺术的发展。儒家思想积极探索自然宇宙之理，高度关注社会伦理，并把对生命最高度的把握和最深度的体验贯彻到社会生活实践中，形成了礼乐文化。“礼”是指社会生活里的秩序条理，“乐”是指个体内心的和谐。个人人格和社会组织成为宇宙秩序的表征后，哲学的光辉直接照射到了生活的每一个角落，包括生活和艺术，从而使中国古典美学呈现出了极为明确的礼乐文化因素，注重格物致知和万物皆备于我、民胞物与的人文情怀，构成了人文精神的组成部分。“乐的精神”与“礼的精神”也就成为儒家美学的基础。正如宗白华在《艺术与中国社会》中所说：“礼和乐是中国社会的两大柱石。‘礼’构成社会生活里的秩序条理。‘乐’涵润着群体内心的和谐与团结力。然而礼乐的最后根据，在于形而上的天地境界。《礼记》上说：‘礼者，天地之序也；乐者，天地之和也。’人生里面的礼乐负荷着形而上的光辉，使现实的人生启示着深一层的意义和美。礼乐使生活上最实用的、最物质的衣食住行及日用品，升华进端庄流丽的艺术领域。”

《论语》中的《子路、曾皙、冉有、公西华侍坐》，记录了孔子和他的四个学生子路、曾皙、冉有、公西华谈论理想的一段话。

子路、曾皙、冉有、公西华侍坐。

子曰：“以吾一日长乎尔，毋吾以也。居则曰：‘不吾知也。’如或知尔，

---

① 刘悦笛：《当代中国“生活美学”的发展历程——论当代中国美学的“生活论转向”》，《辽宁大学学报》（哲学社会科学版）2018年第9期，第144—151页。

② 吴经熊：《内心悦乐之源泉》，东大图书公司1989年版，第1页。

则何以哉?”

子路率尔而对曰：“千乘之国，摄乎大国之间，加之以师旅，因之以饥馑；由也为之，比及三年，可使有勇，且知方也。”

夫子哂之。

“求，尔何如?”

对曰：“方六七十，如五六十，求也为之，比及三年，可使足民。如其礼乐，以俟君子。”

“赤，尔何如?”

对曰：“非曰能之，愿学焉。宗庙之事，如会同，端章甫，愿为小相焉。”

“点，尔何如?”

鼓瑟希，铿尔，舍瑟而作，对曰：“异乎三子者之撰。”

子曰：“何伤乎？亦各言其志也!”

曰：“莫春者，春服既成，冠者五六人，童子六七人，浴乎沂，风乎舞雩，咏而归。”

夫子喟然叹曰：“吾与点也。”

三子者出，曾皙后。曾皙曰：“夫三子者之言何如?”

子曰：“亦各言其志也已矣!”

曰：“夫子何哂由也?”

曰：“为国以礼，其言不让，是故哂之。”

“唯求则非邦也与?”

“安见方六七十，如五六十而非邦也者?”

“唯赤则非邦也与?”

“宗庙会同，非诸侯而何？赤也为之小，孰能为之大?”

这段“言志”的对话表现出了四个人不同的性格特征和理想追求。子路轻率急躁，认为自己有能力在三年的时间内使一个拥有一千辆兵车但夹在大国之间、外有强敌内有饥荒的国家，人人勇敢善战，而且还懂得做人的道理。冉有认为如果去治理一个纵横六七十里或五六十里的国家，三年的时间可以使老百姓富足，但是振兴礼乐教化，只能等待贤人君子堪当大任。这段回答显示了他的谦虚谨慎。公西华回答老师的问题却表达了学习的意愿，他想主持宗庙祭祀的工作，或者是诸侯会盟、朝见天子的时候，以穿礼戴帽的赞礼人身份出现，流露出他的委婉曲致。曾皙更能认识到自己的不同，他说：“暮春时节，天气温暖，已经穿着春天的衣服了。我和五六位成年人，六七个少年，到沂河里洗澡，在舞雩台上吹吹风，唱着歌走回家。”他高雅宁静的人生理想得到了老师的赞同。从其后孔子对四人的评价中，也更能够捕捉到孔子个人对他们观点的倾向性。

自春秋战国时代起，儒家实践着“礼乐相济”的美学理想，从更深层面说，是以“情”为基础根源的“礼乐合一”。所以孔子说：“诗可以兴”，就是以情生发出的礼与乐的融合形式。《论语·阳货》中说：“礼云礼云，玉帛云乎哉？乐云乐云，钟鼓云乎哉？”由此可以推出，儒家虽践行“礼乐传统”，但不囿于语言的抽象逻辑规定，也不拘于道德的僵化文本，而是关照礼乐之本：践行礼乐者的内心感应和直观体验。

从老子的“道可道，非常道”开始，“道”就成为道家乃至中国传统文化的重要范畴。“道家以自然为宗，其自然即指生命之自然，其所云生命又涵括宇宙万有为一大生命也。”①

《庄子·齐物论》说：“人之生也，固若是芒乎？其我独芒，而人亦有不芒者乎？”② 但是道家提倡的“清淡无为”“朴素自然”与“心斋坐忘”等理念，最终归结于所追求的“道”，不是超越实在经验的抽象概念，而是就置于现实生活当中的经验性的、生成性的存在；是超越“有”的牵绊，在抛弃欲望、直面生死之后，提倡追求个体情感精神的纯任自然的自由之境，让人性回到鸿蒙初开之时的真实自然状态，达到自我与自然融为一体的绝对解脱的境界，从天地合一中达到个体的绝对自由。因此“道”在实质上，并不是高蹈无形的虚幻世界，“而始终实实在在地践行于当下的‘生活世界’之中”，这才是中国传统文化视角下道家美学的真正本质。③

儒道两家思想虽然关注的视角不同，但是殊途同归，最终都归结于源自

① 梁漱溟：《思索领悟辑录》，《梁漱溟全集》第8卷，山东人民出版社2005年版，第30页。

② 陈鼓应：《庄子今注今译》（上册），商务印书馆2003年版，第46页。

③ 刘悦笛：《儒道生活美学——中国古典美学的原色与底色》，《文艺争鸣》2010年第13期，第10页。

生活又从未离于生活的本土化美学。“儒家忧患天下国家，关注的生发之处仍是人的生活价值，儒家生活美学主要在‘社会性’内展开；道家忧患的是宇宙人生，天道的运行必然落归于人道，道家美学主要在‘自然性’中展现，在道化生万物、人复归天道的圜圆运动内指向了绝美的极境。”①

两汉时期由印度传入中国的佛教，带着印度佛教的思想基础，融入了中国的道家思想和魏晋玄学，滋生了佛教本土化的禅宗。禅宗以“不立文字，教外别传，直指本心，见性成佛”的十六字心传认识世界、体悟自然。人类语言文字的表达能力是有限的，禅宗认为，语言文字不能表达出无内无外、虚幻的神秘境界，说不清，讲不透，说还不如不说。通过个体的直觉感受去体验，即是《坛经》中的“法则以心传心，皆令自解自悟”。在变化莫测而又一切皆空的禅境中，花非花，雾非雾，不能执念于有或无、空或实，而是虚实相生，在主体与客体的双向交流中进入澄澈洞明的精神境界。从根本上说，禅境即是人的“心境”，是经过自我修炼对自然人生的体察和品悟，对永恒生命的认识和把握。铃木大拙在《禅宗》中说道：“禅本质上是洞察人生命本性之艺术，它指出从奴役到自由之路。”这种境界只可意会不可言传，“一落唇吻，便入死门”，所以佛祖拈花，迦叶微笑，就是在沉默中解会，在静观中顿悟。

《景德传灯录》记载了一个有名的缘故：

赵州问南泉：“如何是道?”南泉曰：“平常心是道。”

《五灯会元》中也说：

问：“如何是平常心?”师曰：“要眠即眠，要坐即坐。”曰：“学人不会，意旨如何?”师曰：“热即取凉，寒即向火。”

《坛经》中更有许多解释：

此法门中，何名座禅? 此法门中，一切无碍，外于一切境界上，念不去为座，见本姓不乱为禅。何名为禅定? 外离相曰禅，内不乱曰定。外若有相，内性不乱。本自净自定，只缘境触，触即乱，离相不乱即定。外离相即禅，

① 刘悦笛：《儒道生活美学——中国古典美学的原色与底色》，《文艺争鸣》2010年第13期，第11页。

内外不乱即定。外禅内定，故名禅定。《维摩经》云："即是豁然，还得本心。"《菩萨戒》云："本原自性清净。"善知识，见自性自净，自修自作自性法身，自行佛行，自作自成佛道。

何为清净身佛？世人性本自净，万法在自性。思量一切事，即生恶行。思量一切善事，便修于善行。如是一切法，尽在自性中，自性常清净，日月常名，只为云覆盖，上名下暗，不能了见日月星辰。忽遇惠风吹云散，卷尽云雾，万象杂罗一时皆现。

佛法在世间，不离世间觉，离世觅菩提，恰如求兔角。

"在佛教世界里，涅槃是终极目标，同时它已经存在于修行者的日常生活之中，因而他们在其中得到快乐。"①

刘悦笛的研究是探索与国际美学尤其是生活美学接轨的中国生活美学的建构，他在《生活美学：现代性批判与重构审美精神》中阐释当代美学向"生活美学"转向的必然发展，不仅是学术理论与文化历史的传承融通，也是美学学科的自我理解与界定。从中西方研究的横向比较看，对于美学的解释与认知其实是殊途同归的：美学研究对象就是本真的"基本的经验世界"，而这个"世界就是一个充满了诗意的世界，一个活的世界，但这个世界却总是被'掩盖'着的，而且随着人类文明的进步，它的覆盖层也越来越厚，人们要作出很大的努力才能把这个基本的、生活的世界体会并揭示出来"②。审美活动的过程就是把握世界、把握生活的过程，"生活世界"就是"有生命的世界，是人生活于其中的世界，是人与万物一体的世界，是充满了意味和情趣的世界"③。这与中国古典美学又是内在相通的。在其《生活美学与艺术经验：审美即生活，艺术即经验》中，他建构起了相对完整严密的生活美学体系，从而在生活美学的视角下，重新审视中国古典美学与古代艺术。④

中国传统文化哲学的内在融通发展使得古典美学与艺术、生活形成了天

---

① 柳田圣山：《禅与中国》，毛丹青译，生活·读书·新知三联书店 1988 年版，第 21 页。

② 叶秀山：《美的哲学》，人民出版社 1991 年版，第 61 页。

③ 叶朗：《美学原理》，北京大学出版社 2009 年版，第 76 页。

④ 刘悦笛：《当代中国"生活美学"的发展历程——论当代中国美学的"生活论转向"》，《辽宁大学学报》（哲学社会科学版）2018 年第 9 期，第 144—151 页。

然的同一性，在看似平淡琐碎的日常生活中发现美、创造美和感悟美，形成了形而上与形而下的渐融，换句话说，中国古典美学是从体悟生活本身的美上升到哲学的高度，本身就具有浓郁的“生活美学”特性。儒家的“情深而文明”的入世取向，道家的“循天而返真”的逍遥取向，禅宗的“明心而见性”的禅悦取向，都融化进中国古典艺术当中，为华夏古典的艺术形态提供了独特的“生活美学”支撑架构。①

叶朗指出：“中国美学也广泛地渗透到中国广大老百姓的日常生活当中。中国老百姓在普通的、平凡的日常生活当中，都着意去营造一种美的氛围……我们从明代文震亨的《长物志》、清代李渔的《闲情偶寄》和今人王世襄的《锦灰堆》这些著作中，可以看到中国人在日常生活中的审美情趣，可以看到中国美学和中国人的日常生活是多么紧密的联系。”美学家的人生就是情感的人生，是生活与美学的水乳交融，浸渍着中国传统原生的美学智慧。②从先秦时期孔子所认同的“礼乐合一”的理想境界，老庄追求顺乎自然、逍遥超脱的本真生活；到魏晋时期竹林七贤“建安风骨”的肆意酣畅、不拘礼法的“越名教而任自然”，陶渊明、谢灵运回避政治、宁静恬淡清新自然的田园牧歌，归隐中充满了闲情逸致（图 1-1）；再到唐宋元明时期的文人士大夫通过静观、宴集、游赏等方式于逆境中安顿身心，始终保有对生活的洒脱与热情，终于到晚明形成了中国古代生活美学的高峰期、成熟期和总结期。这一时期不仅出现了大批具有日常生活审美意识且身体力行积极从事日常生活审美实践的文人，而且出现了《长物志》等具有代表性和典范意义的生活美学专著。③

正是因为中国美学蕴含于日常生活之中，中国古代的日常生活体现了美学精神，所以历代研究者对中国美学与生活的关系都有关注与论述。李泽厚明确指出“美是生活”，说的即重生命、重人生的华夏美学传统。著名的新儒

---

① 刘悦笛：《“生活美学”与当代中国艺术史——在亚洲艺术学会京都年会上的演讲》，《文艺争鸣》2011 年第 2 期，第 4 页。

② 刘悦笛：《回归生活世界的“生活美学”——为〈生活美学〉一辩》，《贵州社会科学》2009 年第 2 期，第 27 页。

③ 田军：《〈长物志〉的生活美学研究》，华东师范大学 2014 年博士毕业论文。

图 1-1 陈洪绶 归去来图（局部）

家代表人物钱穆和唐君毅也有过类似的精彩阐述。钱穆说道：“中国历代工商业生产，大体都注意在人生日常需要之衣、食、住、行上，此诸项目发展到一个相当限度时，即转而跑向人生意义较高的目标，即人生之美化，使日用工业品能予以高度之艺术化。远的如古代商、周之钟鼎、彝器，乃至后代之陶瓷、器皿、丝织、刺绣，莫不精益求精，不在牟利上打算，只在美化上用心。即如我们所谓文房四宝，笔精墨良，美纸佳砚，此类属于文人之日常用品，其品质之精美，制作之纤巧，无不远超乎普遍一般实用水准之上，而臻于最高的艺术境界。”①

唐君毅指出：“吾人愈能以吾人当下之活动本身为目的，先使精神凝注其上而生情，吾人之神思与想像，即愈能流连于吾人之生活中，而使生活中之事物，美化、艺术化。夫然，故中国人虽较缺超越日常生活，以求精神文化生活之精神；然亦特善于使日常生活之美化、艺术化，使之含文化意味。中国所谓文化者，人文之化成于天下也。文必附乎质，质必显乎文。日常生活为质，精神文化生活为文。文质相丽而不相离，即中国文化之精神之一端。

① 钱穆：《中国历史研究法》，生活·读书·新知三联书店 2013 年版，第 66 页。

故中国之艺术精神，初表现于器物、舆服、宫室，而不表现于庙宇之建筑。中国文学不始于史诗、戏剧，而始于《诗经》中之民间劳动之歌咏。”①

对生活美学研究尤多的刘悦笛亦多次强调：“中国古典美学就是一种活生生的生活美学。”② 美与艺术本就脱胎于日常生活，对它们的理解亦应放置于日常生活的语境之中，进行整体性的审视。古代文士的交游活动，便涵盖了游艺、宴饮、诗文唱和、歌舞、山水、宫室、园林等多方面的美学与艺术活动，是一个立体的、动态的过程，需要结合具体的社会语境和文化语境进行研究。女性视角、新文化史所关注的以饮食、服饰、居室为重点的物质文化以及身体的视角等，都值得生活美学进行借鉴。③

第二节　古代文人画的产生与发展

北宋文学家苏轼在《东坡·题跋》下卷《又跋汉杰画山二首》中第一次提到了“士人画”的概念：“观士人画，如阅天下马，取其意气所到。乃若画工，往往只取鞭策皮毛、糟枥刍秣，无一点俊发，看数尺许便倦，汉杰真士人画也。”

进入元代后，文人画发展繁荣，元初画家赵孟頫等人开始在画论和题跋中使用“士夫画”这个概念。明代的董其昌在其著作《画禅室随笔》中进一步提出“南北宗论”的观点，借唐代禅宗分南、北两宗来解释自唐代以来数百年的中国山水画的演变历史：“禅家有南北二宗，唐时始分，画之有南北宗，亦唐时分也。但其人非南北耳。北宗则以李思训父子着色山水，流传而为宋之赵幹、赵伯驹、伯骕，以至马、夏辈；南宗则王摩诘始有渲淡，一变

① 唐君毅：《中国文化之精神价值》，广西师范大学出版社 2005 年版，第 182 页。

② 刘悦笛：《儒道生活美学——中国古典美学的原色与底色》，《文艺争鸣》2010 年第 13 期，第 6 页。

③ 李修建：《生活美学：书写中国美学史的新视角——兼论李泽厚的中国美学研究》，《文艺争鸣》2011 年第 5 期，第 101 页。

钩斫之法，其传为张躁、荆、关、董、巨、郭忠恕、米家父子，以至元之四大家。亦如六祖之后有马驹、云门、临济儿孙之盛，而北宗微矣。要之，摩诘所谓‘云峰石迹，迥出天机，笔意纵横，参乎造化’者，东坡赞吴道子、王维画壁，亦云：‘吾于（王）维也无间然。’知言哉。”

他认为以绘画创作方法和画家出身界定，中国山水画可有南、北两派，将水墨渲染画法的文人画家称为南宗，以院体画、工匠画为主流的一脉称为北宗，并在“士人画”的基础上提出了“文人之画”一词。

《文艺美学词典》中文人画的定义是：文人画，士人画，泛指古代文人士大夫的绘画。标举士气、逸品，讲究笔墨情趣，略脱形似，强调神韵，重文学修养，在意境的表达、水墨的诗意技法发展方面对后人有极大的影响。

《美学词典》则如此定义文人画：指封建社会中文人、学士的绘画。文人画旨在赋予山石林木花鸟等自然事物以强烈的抒情特征，不拘泥于形式。追求象外之象、韵外之旨的艺术境界。诗文、书法、绘画、金石的交响是文人画在艺术形式上最显著的特征，鲜明地表现出了封建社会里文人学士的艺术审美趣味和思想情怀，同民间的、宫廷的、宗教的绘画有着明显的区别。

今天学术界所指的“古代文人画”，泛指中国古代社会文人士大夫们所作的绘画。在中国古代封建社会，文人士大夫群体具备深厚的传统文化积淀以及非常全面的文化修养和艺术造诣，品鉴人物时强调人品、学问、才情等要素，把以绘画、书法等为主的艺术活动视为思想修养和风雅生活的重要组成部分。他们的绘画多为抒情遣兴之作，题材表现山水、树石、花卉、禽鸟等，反对拘泥于技巧形式的机械描摹，追求主观情趣的表现和内在情感的抒发，力倡洗去铅华而趋于冲淡清新的艺术风格。

有学者指出，“文人画”并非局限于文人士大夫的身份，并非指特定的身份、角色或者地位的文人或士大夫所作的画，而是具有“文人思想”的绘画。朱良志先生提出了“文人气”，也就是今人所谓的“文人意识”。文人意识，即指具有一定的思想性、丰富的人文关怀、特别的生命感觉的意识，一种远离政治或道德从属而归于生命真实的意识。① 文人画包含了文人的人品、气

① 朱良志：《南画十六观》，北京大学出版社 2013 年版，第 9 页。

质、才华、思想、意识、情感、情趣、情怀、追求、理想等一切人文精神领域。所以在一定意义上可以说，文人画呈现了中国文化中的人文精神，具有古代文人士大夫的思想价值和精神追求（图 1-2）。

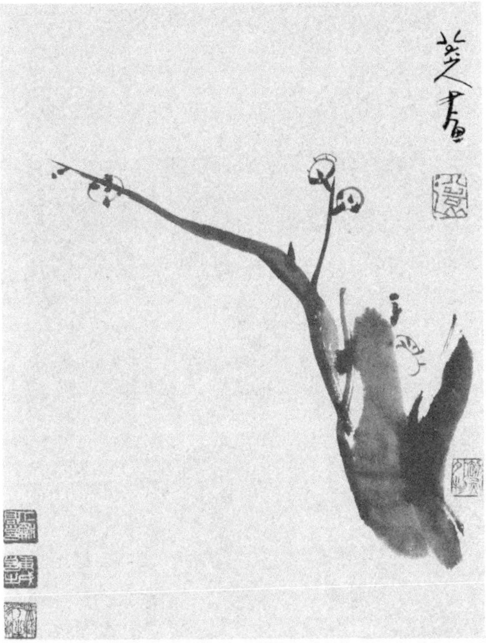

图 1-2　八大山人　梅花

同西方绘画艺术不同，文人绘画不再注重描摹客观对象的技巧、途径与方式，而是中国的文人士大夫独有的思维方式和生活方式的延伸，是审美领域在对于人物品格、气质、才华、格调等关注之后的扩展，是物化于艺术的承载着哲学思想和审美意识的生命。从这个层面上讲，并不是文人所创作的绘画就是文人画，也不是所有的水墨绘画都可以归入文人画的范畴，带有“文人意识”的、呈现文人精神的绘画才是文人画。反之，历史上许多在朝出仕的文人也以其深厚的文化修养和艺术造诣创作了文人画作品。从某一个体艺术家的创作史来说，并不是一个文人画家的所有作品都可以称作文人画，比如吴门画派、扬州画派画家的很多作品因迎合受众带有明显的商业色彩，并不是真正意义上的文人画。

从文人画整个的发展历史来看，它最初是在山水画中获得发展，早在南朝的陶弘景就为自然之美所折服：“山川之美，古来共谈。高峰入云，清流见底。两岸石壁，五色交辉。青林翠竹，四时俱备。晓雾将歇，猿鸟乱鸣；夕日欲颓，沉鳞竞跃。实是欲界之仙都。自康乐以来，未复有能与其奇者。”①

① 陶弘景：《答谢中书书》，严可均《全上古三代秦汉三国六朝文·全梁文》卷 46，中华书局 1985 年版，第 4 册，第 3215—3216 页。

图 1-3　陈洪绶　升庵簪花图

“在中国古人所寻的山林意境里面，无论是儒家体天道，道家法天地，还是禅家悟清净，其实都在追求物我冥一的化境。”① 但从题材上看，文人画也不局限于山水创作，文人意识逐渐渗透到其他画科，像徐渭、陈淳、八大山人等人的花鸟画中，显然带有丰富的文人思想和浓厚的文人意味，是中国传统文人画的典型代表。人物画中的文人意识则在南宋以后逐渐强烈，以陈洪绶、唐寅为代表的文人画家，利用人物来表现深沉的生命思考，为人物画的发展开辟了新章（图 1-3）。甚至一些佛教艺术题材的人物画中也渗入了文人意识。②

绘画虽然只能捕捉自然之一朝风月，却以残角和瞬息而纳千顷之汪洋、收四时之烂漫，亦即摄入着时空无限。③ 因而转瞬即逝的当下凝固为永恒，无处不在的空间表现为自然无垠的空白。经由与客观自然的二元对立，到彻悟宇宙的本质、人生的意义，

① 刘悦笛、赵强：《无边风月：中国古典生活美学》，四川人民出版社 2015 年版，第 299 页。

② 朱良志：《南画十六观》，北京大学出版社 2013 年版，第 10 页。

③ ［苏］叶·查瓦茨卡娅：《中国古代绘画美学问题》，陈训明译，湖南美术出版社 1987 年版，第 100 页。

中国文化诗性之美的呈现历程最终回归到生活的一朝一夕，而这历程本身也散发出了深沉隽永的美学意蕴。

中国古代文人画的产生与发展离不开中国文化土壤的滋养，在艺术批评领域，更是艺、文、人综合为一体，成为中国文化不可缺少的一部分。在建构文人画的研究体系时，立足于中国传统文化、哲学思想的基础来考察文人画的发展历史、美学形态、精神内涵和艺术特征，并通过探究文人画的当代价值对艺术创作、现代社会文化发展的启示和影响，才是文人画真正的传承之道。

在中国古代文人画漫长的历史演变过程中，魏晋南北朝时期的人性觉醒与艺术启蒙为其奠定了基础。中唐时期，主流的儒家思想融入了道禅哲学从而出现了新的艺术理念，创作方向逐渐从关注自然转向重视人的内在体悟，带有明显的自省式倾向，由此产生了文人画的萌芽。两宋时期，文人画发展因受“理学”“心学”思潮的影响，成为带有深厚哲学色彩的时代现象和文化现象。古代文人画在元朝进入繁荣的顶峰时期，并直接影响到明清时期的绘画发展。到清代中期以后，随着国力的衰弱和国外艺术的融入，文人画的发展也逐渐消歇。

一、魏晋南北朝时期

汉朝末期，社会动荡与变革对统治阶层的统治带来剧烈的冲击，儒家思想的正统地位被动摇，独尊儒术的局面被打破，思想文化领域发生巨变，儒家之外的多家思想学说都得到繁荣发展。其中玄学对艺术理论和艺术实践产生了重大影响。魏晋南北朝时期，政权更迭频繁，战争连绵不断，士大夫意识到生命的短暂和可贵，倡导玄学，崇尚自然，对人物的鉴赏品评也转移到重视风度、才识、气质，这些对艺术领域的审美取向和创新产生了巨大影响。以士大夫为代表的知识分子群体反对礼教，寄情山水，追求任意放达、简略玄澹的人生境界，以拓展生命的维度。他们自信潇洒、不滞于物、率直任诞、不拘礼节，后世把这种清俊通脱、风流自赏的名士风范称为“魏晋风度”。这种时代精神无形中给后来文人画的产生打下了人文精神的基础。所以魏晋南北朝时期的重要意义首先并不在于具体艺术门类的发展或者是绘画水平的提升，而是在于整个时代影响下的哲学思潮与文化思潮的发展与变迁所产生的人文精神无形中给后来文人画的出现奠定了坚实的基础。

宗白华先生曾评价这个时代和自然真实的文人："汉末魏晋六朝是中国政治上最混乱、社会上最苦痛的时代，然而却是精神史上极自由、极解放、最富于智慧、最浓于热情的一个时代。因此也就是最富有艺术精神的一个时代。王羲之父子的字，顾恺之和陆探微的画，戴逵和戴颙的雕塑，嵇康的广陵散(琴曲)，曹植、阮籍、陶潜、谢灵运、鲍照、谢朓的诗，郦道元、杨衒之的写景文，云冈、龙门壮丽的造像，洛阳和南朝的闳丽的寺院，无不是光芒万丈，前无古人，奠定了后代文学艺术的根基与趋向。"

他评价晋人有着宇宙的深情，"深于情者，不仅对宇宙人生体会到至深的无名的哀感，扩而充之，可以成为耶稣、释迦的悲天悯人"，又说"晋人向外发现了自然，向内发现了自己的深情"。① 魏晋时期的文人将一腔深情寄予宇宙自然，以艺术的形式感受生命的旅程，把身心赋予每一天的朝阳和晚霞，用诗酒祭奠不曾实现的理想与梦境。在晋人的时代，艺术把自然与生命连接起来，一头是连着艺术创造的源流结构，一头是连着艺术活动的主体人格。

二、唐代

唐代是中国封建社会经济文化发展的顶峰之一：疆域空前辽阔，经济高度繁荣，政治统治稳定，外交广泛自由，文化兼容并蓄，是当时世界上最富庶、强大和具有高度文明的王朝。在统治阶层的提倡下，传统民族艺术容纳了外来艺术形式，赋予了艺术作品以一种多元、健康的时代精神，充满了生机勃勃的力量，文学、美术、音乐、建筑、书法等各个艺术门类都有了长足的发展。在绘画领域看来，唐代画坛是灿烂而求备的，人物画、山水画、花鸟画甚至佛教绘画等中国传统绘画中各门类都以独立的姿态立于画坛，日趋成熟并形成不同的风格体系。

唐代初期人物画家在创造实践中，改变了传统勾线行云流水般的均匀流畅，赋予线条细腻的情感，比如吴道子创造的兰叶描、莼菜条等线条描法勾勒描绘对象的轮廓，充满速度感和力量感，极大地增强了线条的表现力，画

---

① 宗白华：《美学散步》，广西师范大学出版社 2005 年版，第 205—212 页。

面因此具有了流动的气场，被称为“吴带当风”。他提倡突出线条的表现力和独立功能，有意识地在画中将色彩弱化，甚至创作“只以墨踪为之”的“白画”，成为后世白描的先声（图 1-4）。

图 1-4　吴道子　八十七神仙卷（局部）

在唐代出现了描绘物象时放弃使用颜色，而直接使用水墨渲淡画面的作品。水墨山水的创造者是唐代诗人王维。王维，字摩诘，号摩诘居士。他前半生主要受儒家思想影响，但也向往道家的归隐生活，在朝为官期间也曾在京城附近修建别苑，修身养性，安顿身心。安史之乱后，渐渐受佛教思想的影响，更向往清静自在的人生。晚年无意于仕途荣辱，辞官归隐终南山，常常焚香独坐，诵经参禅。他的很多诗作受到了禅宗的影响，在世时，就被人们评价为“当代诗匠，又精禅上理”。后人亦因此称其为“诗佛”。除诗文外，他也有很高的绘画造诣，是唐代水墨画的代表人物，因此有“文章冠世，画绝千古”的美誉。晚年，他受禅宗思想的影响，逐渐改变以色描摹物象，只用墨色。明代董其昌称其为南宗的开创者，说他“始用渲淡，一变钩斫之法”。苏轼曾总结王维在诗坛和画坛的突出成就，说：“味摩诘之诗，诗中有

图 1-5　王维　江干雪霁图（局部）

画。观摩诘之画，画中有诗。”全面准确地集中了他田园诗和水墨画的共同审美特点：都展现了一片不受世事干扰的平淡天真之境，明月清风般悠然自在（图 1-5）。如诗作《山居秋暝》所呈现的空明寂静的世界正是禅宗所追求的清凉圆满之境：

空山新雨后，天气晚来秋。

明月松间照，清泉石上流。

总的来说，唐代绘画在发展中出现了同先以勾线造型再以重彩填色的传统方式并行的水墨渲染绘画，甚至还出现了泼墨的表现方法。

三、两宋

五代时期，山水画家辈出，继承并发展了魏晋南北朝、隋唐绘画艺术的优秀传统，南北两大画派的风格特点初见雏形。北方画派以荆浩、关仝为代表。荆浩曾隐居于太行山，多以中心全景式的布局，作场面浩大、气势雄伟的北方崇山峻岭雄壮的景色，空间感很强。弟子关仝则为长安人，多作关、陕一带秋山寒林、村居野渡的风光，气韵深厚，自成一体。南方画派以董源、巨然为代表。他们生活在地势起伏平缓、阳光和煦、温暖湿润的长江中下游，作品不再是险峻奇峭的山峰，而是江南丘陵江湖的动人景色：平缓连绵的山峦、苍翠清澈的林麓小溪、散于其间的山村渔舍……

宋代建立后，统治阶层因怕历史重新上演，推行“抑武修文”的政策，重用文人儒士。从开国皇帝赵匡胤起，统治者几乎都对文艺书画有特别的偏爱，有的甚至在绘画创作上具有很高的天赋。统治阶级和上流社会的好尚，为绘画的发展提供了良好的契机。宋代统一中原后，江南的画家们相继北上，并受到统治者的礼遇，进入画院成为御用画家，这就冲击了以李成、范宽为代表的北方画派为主流的山水画坛，促成了南北画派的融合，逐渐形成了以郭熙为代表的院体山水画。与后世文人画散发的写意性相比，宋代的山水画重在突出自然物象的客观真实，表面上看具有很强的格物精神，但笔端写实物象的生动传神实质上蕴含了画家的主观情感和体悟，也就是苏轼所注意到的“意气”（图 1-6）。他有诗说：

论画以形似，见与儿童邻。
赋诗必此诗，定非知诗人。
诗画本一律，天工与清新。
边鸾雀写生，赵昌花传神。
何如此两幅，疏澹含精匀。
谁言一点红，解寄无边春。

图 1-6 佚名 出水芙蓉图

艺术的基础是“形似”，最低标准是要能洞察其中深含的意蕴。画与诗同理，如果诗画不能达到这个标准，不能够超越“形似”，只停留在表面形象的语言层次，欣赏者就不能洞悉艺术家的思想与情感，也就没有了艺术的妙处。

于是蕴含于绘画作品之中的气度、胸襟、文采、情操、情思等，逐渐取代绘画技巧，成为区分画工与文人的重要标准，进而成为艺术鉴赏体系中关乎绘画品格高低的标准。两宋时期著名书法家米芾也是留名后世、造诣颇高的山水画家。他一改崇尚传神地描绘自然山川景物的山水画传统，以渲染淡墨挥洒表现烟雨迷蒙的江南山水景色，云雾氤氲，掩映树木，随意点染信笔拈来而不求形象肖似、精工微细，从而表现烟雾弥漫的意趣。他的儿子米友仁继承了他的水墨风格，“点滴云烟，草草而成”，不求修饰，崇尚天然，并题为“墨戏”（图 1-7）。他们对于内在意蕴的追求超越了对形式的刻板描摹，这一画风不仅在水墨山水技巧上有所贡献，更重要的是开创了文人画的新局面，充分表现了文人士大夫的审美情趣。虽然在造型能力上不能与院体画家媲美，但由于书法家的身份，他们在绘画创作时的用笔用墨无形中会带有书法用笔的特性与痕迹，能够以书法入画来弥补造型的不足，更加凸显了绘画的适性自娱，于是书法也逐渐融入文人画，成为一个不可或缺的组成元素。

另外，南宋的画家马远、夏圭在布局上突破五代以来山水画尤其是北方画派的全景程式构图，将复杂的景色给予高度的集中和概括，大胆取舍剪裁，独喜描绘山之一角、水之一涯的边角之景，画面上留出大幅空白以衬托景观，在画坛被称为“马一角，夏半边”。其笔法简约谨严，苍劲融和，寥寥数笔而跃然纸上，营造出浓郁的旷远意境，也更明显地实践了传统哲学中虚实互生、计白当黑的思想，正是“脱落实相，参悟自然”。马、夏的边角之景是艺术上的高度提炼，以空白衬托富有感情色彩的景物，使画面情景交融富有诗意。

宋代文人把魏晋以来的文人意气与风骨融入文人画中，无疑是对文人画的发展和丰富，他们对用笔、用墨等技巧的强化与创新，在表现自然而又超乎自然的营造境界方面达到前所未有的高峰，对确立中国绘画的审美范式、建构中国绘画的符号体系、开创和丰富中国绘画的艺术语言影响深远。

图 1-7 米友仁 潇湘奇观图（局部）

四、元代

元朝是中国历史上首次由少数民族建立的大一统王朝。元朝统治者为维护蒙古贵族的专制统治权，采用“民分四等”的等级制度。在社会等级上汉人尤其是南方汉人的地位极低，被朝廷所用的机会很少。虽然元朝在思想上兼收并用，对各种思想几乎一视同仁，但由于科举制度的废除，大部分汉族知识分子甚至没有走向仕途的机会，只有极少数的儒家文人在元朝廷做官。基于异族统治的考量，出仕元朝廷的文人士大夫不仅要受到猜忌和排挤，还要忍受心灵上的自我批判。在元朝近一个世纪的统治中，一些自称南宋遗民的江南文人，为了消极抵抗元廷，缅怀南宋故国，坚持民族气节，终生不愿意出仕，并且以著述书籍为业，将思想化为书中主旨。他们或者隐匿于市井，与常人无异；或者隐匿于山林，空存高洁之志。在因赵宋政权的灭亡而失去了院体画发展有利条件的时代背景下，不管是出仕还是隐逸，饱受异族打压的元代文人群体对于政治上的束缚和牵绊，多采取消极情绪或不合作的逃避态度，转而在书画中寻求精神安慰，这使得书画艺术的精神性因素更为突出，文人士大夫绘画得到很大发展，成为整个绘画活动的中心与重心。作为画坛主流，绘画第一次真正意义上成为为主体情趣服务的工具。

在继承前朝的基础上，元代文人带领着中国绘画走向了文人化的道路。在这一时期，文人画的形式要素趋于系统化，诗、书、画、印进一步渗透结合，以景传情，重视主观意趣的表现和笔墨风格的创造，绘画艺术的审美趣味发生了根本性的转变，艺术语言的独立性意义也随之得以彰显。元代山水画较前代而言，更加注重突出表现文学性，不仅强调山水的内在结构、韵律以及主观对自然的再创造，还借以抒情，融合自我情绪与人格，表达生命本体的体验与参悟，创造一个流动的虚灵世界。

元初画家赵孟頫是为数不多的在朝汉族文人，他对诗文音律无所不通，书画功底极为深厚，是元代文人画的领袖人物，肩负了传承汉文化的重任。他倡导“古意说”的观点，认为“作画贵有古意，若无古意，虽工无益”。但他所标榜的“古意”并不是前代人以观察概括表现生活的方法，而是指笔墨风格和艺术趣味师法古人，从文人士大夫的审美情趣出发，向往晋唐古人的高度，重视神韵，追求清雅朴素的画风。这种古意，表现在对晋唐质朴古拙之美的偏爱，对高古与意趣的追求，以恢复古法试图改变当时元代画坛纤细浓艳的习气（图 1-8）。他还强调“书画同源”，主张师法自然。

以元四家即黄公望、吴镇、倪瓒、王蒙为代表的在野文人，远离朝堂，忘情于山水之间，实现了行为上和思想上的真正归隐。元四家都是活动在江浙一带的文人画家，擅长山水，又兼工花鸟、人物。他们在作品中通过山水描绘自然、抒发理想，并题跋诗文加以阐述，形式上重水墨，或稍加淡色浅绛，形成不同面貌。他们以画写心适性，表现自己的心境和生活情趣，续接赵孟頫的平淡古朴，更带有契合自然的天真荒率，情感上多流于伤感、淡泊、孤独，反映了时代动乱带来的内心的苦难和无可奈何的身不由己。元四家的艺术观和画风对文人画发展有着巨大的影响，是明清以来山水画家心目中的旗帜。

图 1-8　赵孟頫　水村图卷

五、明清

明初，社会经济得到恢复和发展。明代中期，随着城镇经济的繁荣，在江南地区出现了资本主义萌芽。哲学思想上，王阳明将“心学”发扬光大，强调“致良知”及“知行合一”，肯定人的主体性地位和主动性。他的弟子王艮更进一步提出了“百姓日用即道”，肯定平民百姓日常生活的意义。名士李贽强调“人欲”的价值，认为人的道德观念源自于对日常生活的需求，表现追求个体价值的思想。

明代初期，画坛以宫廷画家为主流。15 世纪中叶前后，以江南沈周、文徵明、唐寅、仇英为代表的吴门画派作为新兴的带有文人意识的群体，逐渐取代了由院体画分化出来的浙派。他们广泛吸取唐、五代、宋、元前世诸派的优点，形成了各具特色的绘画风格。因为宽松的政治环境和时人的风尚喜好，他们的作品淡化了前代文人画抒情自娱、清高孤傲的文人独立品格，逐渐朝着职业化画家的方向发展。到了晚明，面对绘画艺术日益凋零与僵化的趋势，董其昌带来了极具争议的“南北宗论”。他借鉴禅宗中南北分宗的理论，将绘画划分为南北两派。南派代表了在野文人的审美品位，简率平淡，幽淡恬静，奉唐代王维为宗师。而北派是院体画代表，谨严细微，壮伟雄浑，以唐代青绿山水画家李思训、李昭道为宗。董其昌主张绘画与南派禅宗一样，是通过“顿悟”得来，而北派画家苦功修炼，并不能“渐修”到艺术的真谛。“南北宗”的理论，激发了文人们对内心感受的追寻、对主观情感的表达，使文人画创作逐渐远离了宋代“格物致知”的画风升华到哲学层面，从而在深度上具有了思辨意味。

清初王时敏、王鉴、王翚、王原祁四位画家承续董其昌的理论，提倡“师古画风”与“师法自然”，认为古法具有“中和”之美，能消除偏激浮躁之气，涵养平和仁爱之心，因此得到统治者的偏爱而发展成为画坛的主流。他们虽然倡导南宗的绘画风格，在绘画技法上功底深厚，但把宋元名家的笔法视为最高标准，过于讲究绘画的法度，认为“一树一石，皆有原本”，太过拘泥于对古人作品形式特征的探寻，而对古人精神的追寻不够深入，作品中失去了自然的生机勃发之意，导致作品在效仿古人笔墨的思维模式中渐渐走向了僵化。

江南地区被称为“四僧”的八大山人、石涛、弘仁、髡残富于个性，竭力冲破当时画坛摹古的藩篱，更加重视“外师造化”，表现鲜活多变的清新自然，发挥自身的创造性，极大地解放了僵化的正统山水画带来的审美模式，是清代文人画坛的一股清流。以石涛、八大山人等为代表的遗民派画家在动荡的社会巨变中，饱受世态炎凉，寻求精神开解已不得其法，转而出家为道、为僧，寄心于老庄、禅宗，与改朝换代的现实保持着心理距离，因此在心态上与魏晋时代清雅名士有了更多的相似性。他们重视感受自然，独抒性灵，不限于临摹，不囿于古法，以或激越压抑或深情凝蓄的奇肆艺术风格，创造了源自客观世界又高度概括的艺术形象，丰富了自然美的表现和艺术意境的创造，在创作法则、诗书入画、结合似与不似等理论问题的研究基础上，发展了笔墨技法，虽仍属于文人画系统，但已突破了南宗的界限（图 1-9）。

图 1-9　石涛　山水四段卷之一、之二

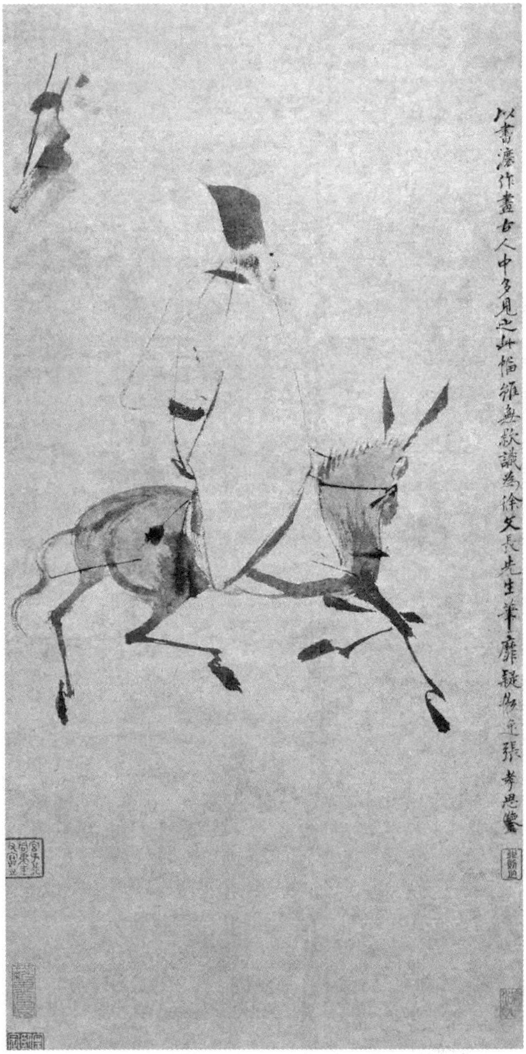

图 1-10　徐渭　驴背吟诗图

清代中期，活跃于扬州地区的一些画家大多都出身于知识分子阶层，生活清苦，以卖画为生。他们受徐渭、陈淳和石涛等富有创新精神的画家的影响，都注重艺术个性，强调写神，抒发性灵，蕴拙于朴，不拘前人陈规，自成家法，用简练奇逸的笔墨抒发不平之气，发展了传达高洁之志、强烈抒发性灵的阔笔写意画。相较于元明文人画家，他们的创作画风随性率真，感情色彩强烈，更多着眼体现对现实的关怀、对现世的悲悯，因此除了传统文人画的书卷气之外，又增添了世俗的烟火气息（图 1-10）。

漫长的中国文化史，闪烁着诗性的光辉，弘扬着“诗文化”传统。中国传统文人，正是凭借他们的艺术创造与审美，继承、弘扬着诗文化传统，并且将其渗入日常生活的每个细节。他们将生活和人生充分艺术化、审美化，把现实的、此岸的生存转换为理想的、自由的生命过程的实践中，呈现了中国文明最精微、最极致的审美境界。①

① 刘悦笛、赵强：《无边风月：中国古典生活美学》，四川人民出版社 2015 年版，第 278 页。

第二章　古代文人画中的生活美学表现

古代文人创作的画里，出现了很多自然生活中常见的平凡之景、平凡之物、平凡之人，这些平凡的物象以文人之笔墨描绘出来，就不再是自然属性和使用价值上的“物”了，而是蕴含了古代文人思想和精神的意象。审美意象是创造意境的基本元素，古代文人画正是通过一点有限的“小”的意象，使人悟得“大”的艺术的奥妙、人生的真谛、宇宙的无限，即是佛家所谓：一花一世界，一叶一菩提。

古代文人通过绘画艺术创作，充分具象地表现了与日常生活互为渗透的中国古典美学，包括对宇宙之景的观照、对自然之物的描绘、对日常之器的赏玩等内容，通过独处与雅集表现人之情境的文人活动，包括读书、观画、烹茶、饮酒、抚琴、泛舟、垂钓、焚香、插花、听瀑、弈棋、吟诗、问道甚至沉思等，最终将生活美学的全貌综合呈现于蕴含文人精神的古典建筑与园林。

第一节　独处与雅集的文人活动

在古代社会儒家积极入世思想的影响下，文人士大夫关注国家、社会和民生，养成了家国天下、天下一体的人格修养理念。自宋朝起，古代文人开始整合传统士大夫的处世方式，在参政同时保持宁静的心态，既勇于承担社会责任又追求个性自由，把魏晋以来的文人意气与风骨融入文人画中，出现从注重客观外在形式向注重主观内在精神的自觉转化与超越。

一、独处——对自然万物的静观与凝思

古代文人将道家思想融入儒家思想中，发扬了道家学说里体现万物变化规律与存在方式的“道”。“道”就是看待一切外在都没有“我”与“它”分别的绝对自由境界，也就是“万物齐同”思想。个体与个体、人与万事万物之间本没有实质性的区别，得“道”就会与世间万物融为一体，停止一切思考的状态，就像忘水畅游的鱼儿、空中翱翔的飞鸟一样快乐。古代文人通过忘情于自然来摆脱世俗的束缚与自身的欲望，忘却尘世的烦恼忧愁，平静从容地看待万物的变化与湮灭，更完整、更深入地领悟生命哲学，并达到万物为一的逍遥境界。

古代文人认为宇宙自然是一个有机整体，人也是自然中的一部分，“把人与自然的关系，从‘我与它’变成为‘我与己’或‘我与你’，它超越了审美观照的自然态度，不仅把自然作为审美的对象，而且作为伦理的对象”①。因此，古代文人对自然的态度不是作为对立物的浏览与欣赏，而是化为“物”的本身与客观自然融合到一起，这就出现了绘画中独处的文人形象。

“在十二、十三世纪的绘画中，尤其是这个时期的院体画，一种对自然界的新态度已经很明显，与西方的浪漫主义比较接近。西方人认为中国画最典型的画面，如一个文人坐在山边突出的岩石上凝视飞瀑或神秘的空虚，都是这个时代和这种新态度的产物。”②

这里所说的“凝视”类似中国传统文化中的“静观”和“凝思”，用来表述古代绘画中文人的形象，概括了文人对待自然、自身以及生命的态度和观念。静观是感受事物的直接体验，凝思是深入领悟事物的内在意义。所以明代周履靖在《画评会海》中说：“大哉！画之为物也。广大悉备，以天地为骨法，以风云为气韵，以造物为笔墨，以日月为神彩，以雨露为染绚，以四时

---

① 陈来：《道德的生态观——宋明儒学仁说的生态面向及其现代诠释》，《中国哲学史》1999年第2期，第8页。

② ［美］高居翰：《中国名画集萃》，戴行钺译，四川美术出版社1988年版，第37页。

为生意，以海岳为运用，以宇宙为襟度。斯画家不传之秘也。”①

《月下赏梅图》《和靖观梅图》《松溪观鹿图》《坐看云起图》等作品都是以静观与凝思为主题的。南宋马远的《月下赏梅图》（图 2-1），文人独坐山崖，望向月下自崖壁生出的一株老梅。梅树枝干枯皴，虬曲盘绕，横向悬崖边的云雾缭绕，远景似有似无一抹梅影。在月光清冷的夜里，文人似乎已经化成了自然的一部分——梅或者山或者云，与另一株梅、另一座山、另一片云凝视着、体悟着，以回归于自然的永恒之道。南宋马麟的《坐看云起图》（图 2-2），几乎整个画面笼罩在迷离的云烟之中，一个身影模糊的文人于左下角，仰头凝望着无处不在的云烟。虚实交错间，不远处的山石也许还遮挡住了视线，并不能清楚地欣赏远处的风景，但文人并不在意，似乎已跟随这若有若无、飘忽不定的云烟在时空中流转升腾，内心自现出一片山水。

《周易·系辞》有云：“古者包牺氏之王天下也，仰则观象于天，俯则观法于地，观鸟兽之文与地之宜，近取诸身，远取诸物，于是始作八卦以通神明之德，以类万物之情。”

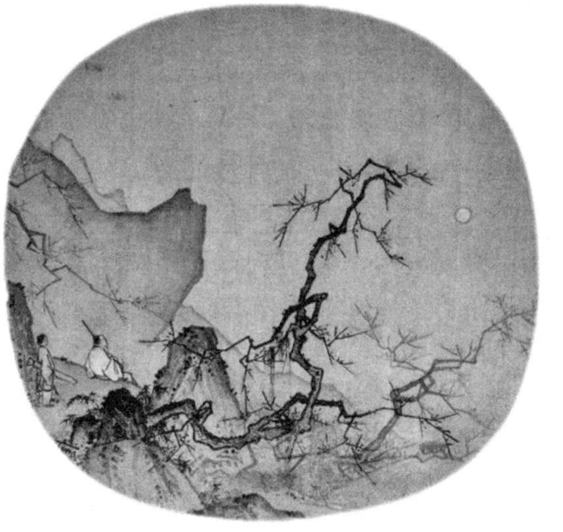

图 2-1　马远　月下赏梅图

① ［明］周履靖：《画评会海》，涵芬楼据明万历刻本影印本，商务印书馆 1932 年版。

图 2-2　马麟　坐看云起图

中国人认识自然世界的方法不同于西方逻辑推理的终极指向，而是综合归纳直接感受体验的“观”。中国美学语言看似散漫混杂，却由中国传统文化精神贯穿始终，正因为如此而超越了具体客观存在的有限性，却不脱离人类个体实践的本源性。正如有学者指出：“中国传统智慧以‘羊大为美’呈现‘美’的概念时，关注的重心不是美的本质，而是在具体经验中怎样去感觉美。”西方美学体系通过逻辑严密的理论话语从而探寻美本质的元问题，具有深厚丰富底蕴的中国古典美学则通过经验描述引向概念，不仅巧妙规避了语言的僵化与抽象性，也引导美学体系走向人的艺术活动、生活实践，中国古典美学因语言的感性陈述，充满了真实共通的生活气息。

对于人类来说自然之美是艺术的启蒙，随着人类审美意识的萌发，由纯粹的自然之美滋生出广博深厚的生存智慧和情感浇灌的艺术之花。有《易传·象上》记载的“天行健，君子以自强不息。地势坤，君子以厚德载物”；有刘勰《文心雕龙·物色》中的“春秋代序，阴阳惨舒，物色之动，心亦摇焉……一叶且或迎意，虫声有足引心。况清风与明月同夜，白日与春林共朝哉”；有朱熹《四书集注·中庸》中的“万物并育而不相害，道并行而不相悖。小德川流，大德敦化。此天地之所以为大也”。在实践活动中感受自然造化规律，于自然万物中注入喜怒哀乐的人生情趣，既有微观之格物，也有宏观之感受，从而建立起对自然宇宙的共通信仰，构筑人类心灵回归的精神家园，这一朴素而敬畏的信仰则渗透于古代文人日常平凡的生活中。

在中国画的范畴中，以自然界中的花卉、蔬果、草虫、禽鸟等自然事物为描绘对象的绘画作品称之为花鸟画。作为中国传统绘画三科之一，花鸟画早在原始社会的石窟岩画和彩陶器物上就见雏形。随着绘画艺术的发展，花鸟画也逐渐摆脱了人物画的附属地位，终于在唐代以独立的姿态登上了画坛，并融入中国传统绘画的主流。五代“徐黄异体”的不同风格促进了花鸟画在宋元明清的全面繁荣，形成了严谨精细、富贵典雅的工笔花鸟和清淡文雅、朴素简率的写意花鸟两大类别，成为中国绘画艺术中的重要组成部分。中国古代画论多为创作之后的即兴抒情之言，寥寥数句难以言尽花鸟画创作的全部内容。西方美学以抽象的逻辑推理为主，体系严密却难以深入中国传统文化思维的核心。故而，在中国传统艺术思维模式的基础上，尝试以现代艺术理论分析花鸟画中的自然世界和审美精神，是花鸟画研究的发展方向之一。

关于艺术的本质，学术界尚有争议。但从花鸟画的起源与发展看来，不管是原始先民留下的带有神秘色彩的动植物图形，还是历代艺术家笔下栩栩如生的花鸟鱼虫，都来自人类发展过程中的每一次对现实生活万事万象的观察与体悟。天地山川的雄浑伟健之气，日月星辰的循环轮回之法，鱼虫禽鸟的游弋跃动之姿，草树花蔬的荣枯生灭之貌，自然造化在和谐节奏中展现出的博大丰富，足以使每个个体心灵受到美的感受与感动。

王羲之在《兰亭序》中写道：“仰观宇宙之大，俯察品类之盛，所以游目骋怀，足以极视听之娱，信可乐也。”春风里杏花微雨彩蝶翩然，夏雨里荷叶田田蛙声一片，秋阳下枫叶似火北燕南飞，冬雪中梅香满堂家猫微醺。甚至在每片花叶的脉络中、每根羽毛的纹理中都有美的痕迹。然而离开生命心灵对客观自然的映射，单纯的客观自然是无所谓美丑的。它不存在于人的感情、情绪、思维中，却通过人的感情、情绪、思维去呈现。因此艺术家在“外师造化”的同时还要“中得心源”，将主观情感融于自然之景，使自然之景凸显于主观之情，情景交融“神遇而迹化”获得更深的情感体验后，以笔墨的艺术形式将其具化为更晶莹的情中之景。在这个过程中，艺术家超越尘世中的自我，保持澄明洞彻的心境，凝神寂照日常生活中的每一个片段，赋予它们心灵飞跃的情思：“在人生忘我的一刹那……心无挂碍，和世务暂时绝缘。这时一点觉心，静观万象，万象如在镜中，光明莹洁，而各得其所，呈现着它们各自的充实的、内在的、自由的生命，所谓万物静观皆自得。这自得的、自由的各个生命在静默里吐露光辉”，从而成就“鸢飞鱼跃，活泼玲珑，渊然而深的灵境”。①

无论是以热情深入宇宙的动象，还是以宁静涵映世界的精微，都是主体与自然的相对无言，澄怀味道，从静观万象而感悟生命跃动，画中的花鸟虫鱼、清风流水，不再是自然界动植物物理特征的再现，而是充实自由的生命之音，因为寄存了人类的情深义重、明月前身，而呈现出内在灵魂的高歌。赵昌的蛱蝶细致准确、亮丽明媚，充满田园野趣（图 2-3）；赵佶的锦鸡安闲自

图 2-3　赵昌　写生蛱蝶图

① 宗白华：《美学散步》，上海人民出版社 2005 年版，第 43、121 页。

在、动静相宜，自有富贵安详；钱选笔下的水仙疏朗雅净、明澈忧伤，清高冷艳的形貌，从容沉静的风度，在皎洁纯净的花叶之间散发出来，流出乾坤之气，以表达对生命的虔诚与敬畏；金农的寒梅风骨柔姿、安宁落寞，蕴含了他不知归处的茫然，寒天雪地里古拙的一根老树上横生几枝冻梅，旁若无人开得正艳，就像在腐朽中生出的希望正散发出点点光亮，带着残存的理想的芳香，掩不住生命尊严（图2-4）；八大山人的孤鸟寒鸦清零凛冽，遗世独立，看尽人间悲喜，任意生长的菡萏，婀娜身姿，张扬着一种傲慢绝骨之气，画尽对污浊的不屑、天真的赞美，世间独我之意昂然于其中。世界在他的笔下，不只是枯枝、残叶、衰草、怪石，万物在他的

图 2-4　金农　红绿梅花图

笔下都有了人性，都有着生命的痛感、傲气和怜悯（图 2-5）。更有王维的雪中芭蕉、苏轼的墨竹以青山不老、岁月长存穿越了历史的轮回，叩问着恒在的生命。所以画家画的千花万花，须情在其中，正如南田说的“细雨梅花发，春风在树头。鉴者于毫墨零乱处思之”①。

图 2-5 八大山人 墨荷图

① 恽寿平：《南田画跋》，毛建波校注，西泠印社出版社 2008 年版，第 86 页。

中国古代文人习惯于直观的思维模式，注重从对大自然的缤纷万象细细嚼味的过程中获得直觉体验，进而达到精神与物质的合一、情感与客体的交融，把握人的本体存在。在艺术世界里，他们忘却了现实的忧愁烦恼、喜怒哀乐，超然于社会礼教的枷锁和道德的羁绊，看到鸟飞过的踪迹，听到花开放的声音，经过荒野星垂才有天地日月长，回归到物我合一的水流花开之境，去体验无垠的浩渺宇宙和永恒的生命意义。这是禅的境界，也是人的存在的最高、最完美、最和谐的状态，是一种绝对自由的人生境界。正是“青青翠竹，皆是法身，郁郁黄花，无非般若”①。在万物生长的自然世界，天自晴朗云自游荡，青山绿水相看不厌，花开花落怡然自得，于安静与平淡中弥散出中国诗性哲学文化的审美情趣和审美取向。

清澈的池塘边芦苇丛生，画面中央自花叶深处斜出一支纤细的芦花，其上伫立一只小鸟低头凝视，与花叶相对无言，这时有微风吹过，草木似有若无的香气穿过摇曳生姿的苇叶，小鸟似乎也在摇摆，画面显现出生命从容的灵性之光。画面淡而不寡，以虚托实，阴阳适度，生之喜悦盎然期间，观者刚要回味，却又随之回流于极致的虚静之中，禅意自现。清代石涛的《画语录》中说：“夫画者，从于心者也。”即使是看似自然世界的平凡事物，因为浸润了艺术家的心境，蕴含了真挚的情感而具有了艺术的审美魅力。河畔的野鸭芦苇、蜻蜓小荷，崖边的古木葱郁、幽兰怒放，或是庭院内的家鸡觅食、残花傲霜都是日常生活中常见的人间烟火，却在艺术家空明自由的心境映照下，传达了闲适恬淡、清新静谧的生动气韵，甚至在一幅幅简约的“刹那间”的印象片段里，用情感赋予蔬果瓜菜等果实鲜活饱满的生命感，在宁静寂然又一片圆融的画面中，渗透出无限生机（图 2-6）。

只要回归自心，一切自在显现，颇有禅意。无论是艺术家还是观赏者，都是消除了物我之间的差别，把主体的情感思想贯注于自然界的客观事物的同时，个体也融会于自然外物的生命跃动，在和谐的两相契合中，滋生出更为丰富的审美情趣。这是外在的“物”与内在的“我”的交流与互现，也是佛家所指普运周流的一团和气之境界，即是宗白华所说：“精神上的真自由，

---

① 朱良志：《禅门“青青翠竹总是法身”辨义》，《江西社会科学》2005 年第 4 期，第 35 页。

图 2-6　法常　水墨写生图（局部）

真解放，才能把我们的胸襟像一朵花似的展开，接受宇宙和人生的全景，了解它的意义，体会它的深沉的境地……体会到人生的意义、责任和问题，反省到人生的究竟。”①

① 宗白华：《美学散步》，上海人民出版社 2005 年版，第 369 页。

花鸟画浸透了人类的情感，犹如一面镜子，能够映射出自然界中的真善美，涤除现实中的丑恶与卑俗，也能使越走越快的人们停下脚步，静默悠然地欣赏被忽略的自然天籁，享受生命的本源。一花一世界，一沙一天堂。自然生命折射出人类心灵的情趣，通过审美将这种情趣外化为生活的方式，了悟一朵微小的花所唤起的不能用眼泪表达的思想，从一粒细微的沙里参悟不能用语言表达的智慧，从而达到天地大美的境界。如何超越外在的束缚与现世的羁绊而实现诗意的栖居？在花鸟画的一缕暗香中，隐藏着人类正在找寻的答案（图 2-7）。

图 2-7　八大山人　鸟荷图

陈寅恪先生在《邓广铭〈宋史职官志考证〉序》中曾说过：“华夏民族之文化，历数千载之演进，造极于赵宋之世。后渐衰微，终必复振。”古老的宋代绘画“虽一时寄兴于丹青，而千载流芳于金石间”①。宋代社会崇尚“雅趣”，吴自牧曾在《梦粱录》说：“烧香、点茶、挂画、插花，四般闲事，不宜累家。”焚香关乎嗅觉，品茶关乎味觉，观画和插花关乎视觉。

烧香即焚香，宋朝的文人“无香何以为聚”，崇尚氤氲香气中的平静之美。宋朝之前，焚香只在贵族阶层和佛教信徒中流传，到了宋代，香道已扩展至整

① ［清］邹一桂：《小山画谱・画鉴》。

个文人士大夫阶层。文人在家居、宴客、读书的时候，都会在香炉中点燃香料，让整个环境充满沁人心脾的香气（图 2-8）。宋代文学家黄庭坚提出“香之十德”：感格鬼神、清净身心、能除污秽、能觉睡眠、静中成友、尘里偷闲、多而不厌、寡而为足、久藏不朽、常用无障。南宋李嵩的《听阮图》（图 2-9）、传刘松年的《十八学士图·焚香》都绘出了文人生活中的焚香之境。

图 2-8　马远　竹涧焚香图

图 2-9　李嵩　听阮图

中国古人饮茶之风起源已久，唐代陆羽所著《茶经》中记载：“茶之为饮，发乎神农氏。”常璩的《华阳国志·巴志》则说：“周武王伐纣，实得巴蜀之师……茶蜜……皆纳贡之。”这一记载表明在周朝的武王伐纣时，巴国（今川北及汉中一带）就已经以茶与其他珍贵产品纳贡予周武王了。东汉华佗的《食论》、晋代张华的《博物志》等著作中，都记载了茶的药效、养生之功用。茶最大的特点是清、淡、朴素。因此，古往今来，人们都把茶视作淡泊、清高之物，甚至形成了特有的茶文化。宋代苏轼作有《汲江煎茶》：

活水还须活火烹，自临钓石取深清。

大瓢贮月归春瓮，小杓分江入夜瓶。

雪乳已翻煎处脚，松风忽作泻时声。

枯肠未易禁三碗，坐听荒城长短更。

直至宋代，茶已成为文人的生活必备品。宋朝以前的人喝茶，将茶叶放入锅里煮，并加入姜、葱、茱萸、薄荷、盐等佐料。宋人创造了中国茶艺史上独一无二的烹茶方式——点茶。宋人在选择茶叶上极为讲究，将采摘下来的新茶经过复杂的工序制成类似于茶饼的“团茶”，并用专门的茶焙笼存放。烹茶之时将团茶取出，用茶槌捣成小块，碾研成粉末，用罗合筛细，成为均匀的茶末。先用茶釜将净水烧开后，在茶盏放入茶末，再注入少量开水，将其调成膏状。再一边冲入开水，一边用类似小扫把的茶筅击打茶汤，击拂数次，茶汤泛泡沫，颜色从翠绿到奶绿再到奶白，最后满碗雪花，如“疏星淡月”，一盏清香四溢的宋式热茶就制成了。南宋刘松年的《撵茶图》、宋徽宗的《十八学士图》等呈现了宋代文人对茶的钟爱。宋元文人赋予茶更多品格、情操、高雅的崭新内涵，它不仅仅是精神贵族们孤芳自赏的标签，也是文人之间一种完全平等和谐的思想感情交流的方式。①

明代唐寅的《事茗图》，描绘了陈氏幽居品茗的情景。此图布局别出新意，虚实相生，层次分明。画面翠峰如黛，巨岩峥嵘，飞瀑直下，溪流淙淙，一座茅舍藏于松竹之中，环境幽静。屋中厅堂内，一人伏案观书，案上置书籍、茶具，一童子煽火烹茶。屋外板桥上，一老翁倚杖缓行，抱琴侍童紧随

① 李勃洋：《东坡禅话》，中华书局 2011 年版，第 68 页。

其后，正应邀前来品茗聚谈；泉水轻轻流过小桥，屋舍、坡岸淡雅清润，屋中主人正临窗品茗。此图描绘出苏州文人陈事茗优游林下、待客品茶的悠闲生活。透过画面，似乎可听到潺潺的流水，闻到淡淡的茶香（图 2-10）。

图 2-10　唐寅　事茗图（局部）

《惠山茶会图》是明四家之一文徵明的作品。文徵明与好友蔡羽、王守、王宠、汤珍等人游览无锡惠山，在山下井畔品茗饮茶，吟诗唱和，十分相得，事后便创作了这幅记事性作品。画面运用青绿重色法，截取式的构图突出“茶会”场景，树木参差错落，疏密有致，并运用主次、呼应、虚实及色调对比等手法，把人物置于高大的松柏环境之中。人物或围井而坐，展卷吟哦；或散步林间，赏景交谈；或观看童子煮茶。人物衣纹用高古游丝描，流畅中间见涩笔，以拙为工，动态、情致刻画却迥异，饶有生意，并传达出共通的闲适、文雅气质，呈现出清丽细致、文秀隽雅的新风格。同时，青山绿树、苍松翠柏的幽雅环境，与文人士子的茶会活动相映衬，也营造出情景交融的诗意境界（图 2-11）。

图 2-11　文徵明　惠山茶会图（局部）

陈继儒在《小窗幽记》中曾说："茶令人爽""花令人韵"。[①] 赏花不单单是一种审美情趣的日常表达，更开启了一种艺术性的日常生活形式。目前在文化遗址中出土的大量陶器表面都绘制有花朵的形状或花瓣的纹样，说明在三皇五帝时期，人类的祖先就已经关注到花卉的装饰性特征了。到了商周时期，在《诗经》《楚辞》中，已经有对花草树木的语言描绘，《诗经》中写到的草木有 140 余种，[②]《楚辞》中仅屈原的《离骚》就提及 50 多种花草，[③] 人类已不仅可以和自然宇宙之间建立起情感的互通，从而顺从造化真理，还赋予了赏花以人格精神和道德内涵。

最早人们在佛像前瓶插应时花卉，以表虔诚，并称之为"佛花"。到了唐代，插花开始走进宫廷，并成为官方庆典中必备的装饰。宋代之前流行于宫廷贵族家庭和佛堂清供的插花，成为整个社会尤其是文人士大夫的生活时尚。从宋代苏汉臣的《妆靓仕女图》、南宋佚名的《盥手观花图》、马麟的《松阁游艇图》，都可以看到宋人日常生活中的插花艺术。古代文人的审美情趣决定

① ［明］陈继儒：《小窗幽记（外二种）》，罗立刚校注，上海古籍出版社 2010 年版，第 101 页。

② 孙作云：《〈诗经〉中的动植物》，《孙作云文集 ·〈诗经〉研究》，河南大学出版社 2003 年版，第 7 页。

③ 吴仁杰：《离骚草木疏》，《丛书集成》本，商务印书馆 1939 年版。

了文人画中的插花以清雅隽秀为主流，线条流畅、构图疏朗、造型优美。同时，花的品格也被强调，有“四君子”之称的梅、兰、竹、菊和松、柏、桂、山茶、水仙等植物因其被赋予了人类的品格而具有丰富的内涵。

古代插花的花器有自然野趣的竹器、藤篮，也有发古幽思的商周鼎彝的青铜器。文震亨认为：“古铜入土年久，受土气深，以之养花，花色鲜明，不特古色可玩而已。”① 最为常见的还是清丽隽永的瓷器。尤其是随着宋代制瓷工艺的发展，插花花器的造型愈来愈多样：玉壶春瓶、梅瓶、琮式瓶、筒式瓶……不同造型的花器，配以不同造型的插花。屠隆在《山斋清供笺》中说到花器选择要与周围环境和谐搭配：“堂供须高瓶大枝方快人意，若山斋充玩，瓶宜短小、花宜瘦巧。最忌繁杂如缚，又忌花瘦于瓶，须各具意态，得画家写生折枝之妙方有天趣。”陈洪绶的《瓶花图》一大一小两支瓶中插有红叶和菊花，设色古雅，清丽苍古（图 2-12）。

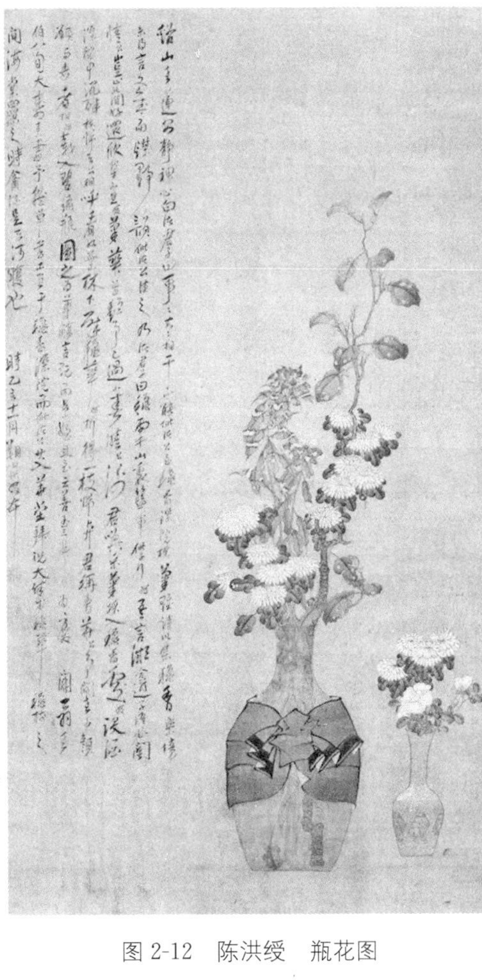

图 2-12　陈洪绶　瓶花图

宋人赵希鹄说：“人生一世间，如白驹过隙，而风雨忧愁，辄居三分之二。其间得闲者，才一分耳。况知之而能享用者，又百之一二。于百一之中，又多以声色为受用，殊不知吾辈自有乐地。悦目初不在色，盈

① 陈植校注：《长物志校注》卷七《器具花瓶》，江苏科学技术出版社 1984 年版，第 283 页。

耳初不在声。尝见前辈诸老先生，多蓄法书、名画、古琴、旧研，良以是也。明窗净几，罗列布置，篆香居中，佳客玉立相映，时取古人妙迹，以观鸟篆蜗书，奇峰远水；摩挲钟鼎，亲见商周。端研涌岩泉，焦桐鸣玉佩。不知身居人世，所谓受用清福，孰有逾此者乎？”①

明朝大家陈继儒曾在不同的场合多次宣扬自己书斋生活的“一人独享之乐”：“焚香、试茶、洗砚、鼓琴、校书、候月、听雨、浇花、高卧、勘方、经行、负暄、钓鱼、对画、漱泉、支杖、礼佛、尝酒、晏坐、翻经、看山、临帖、刻竹、喂鹤。”②

书画名家冯梦祯，也有类似的生活经验：“书室十三事：随意散帙，焚香，瀹茗品泉，鸣琴，挥麈习静，临摹法书，观画图，弄笔墨，看池中鱼戏，或听鸟声，观卉木，识奇字，玩文石……”③

二、雅集——文人之间的倾听与交流

由于儒家思想赋予了古代文人根深蒂固的社会责任感，他们同时在道家思想的基础上又融合了禅宗思想，一方面，积极修身，存君子之志；另一方面，在高蹈人格的指引下，面对如人类生死、存在与意义等终极哲学问题时，将自己作为人生的主体，不受政治和道德的左右，从艺术中找到答案以排除自身的烦忧与世俗的干扰，追求精神上的绝对自由，践行了通脱放达、平和理性的生活态度。古代文人将一腔鸿鹄之志寄情于艺术，将独立不群、坚持真我的品格外化而成绘画的人文精神。这种本性高洁、不染泥淖的傲然独立于世的人生态度，符合儒家文化中对理想君子的定义。

大卫·M.列文在《倾听着的自我》（*The Listening Self*）一书中说：“当我倾听他人时，我也能听到自己……在我自己和他人之间，存在着回声与共

---

① ［宋］赵希鹄：《洞天清禄集》卷首，商务印书馆 1939 年版。

② ［明］陈继儒：《太平清话》卷二，商务印书馆 1936 年版，第 38 页。

③ ［明］冯梦祯：《真实斋常课记》，《快雪堂集》卷四五，明万历四十四年（1616）刻本，第 7—8 页。

鸣。”[①] 在中国传统哲学中，人类的“主体际关系”也可相类似地在交流时从外向的“我倾听”向内敛的“倾听我”转化，从而在人与人之间交流的基础上兼具了自我的内省。古代绘画中的文人雅集形象虽囿于艺术表现形式，不能通过动态的语言动作塑造，然就其文本内在意蕴分析，文人之间在交流时营造了一个开放的“场”，倾听对象的同时也在倾听自我。

图 2-13　赵佶　听琴图

宋徽宗赵佶的《听琴图》是宋代文人雅集绘画中的典型作品。清幽古朴的环境之中，只有一树一石，中间一人抚琴，其余两人和一个童子都静坐不语，专心听琴。中国古代文人喜欢“琴棋书画”，以“琴”为首。古琴在几千年的传承与发展中，连贯了文人的生活、艺术与宗教信念，追溯到自然客观存在内部与人之心灵脉搏相同构的原始节律，成为将宇宙秩序诉诸人的情感世界的“道”的载体。画面中琴声由古琴发出，听琴者之意却不在琴，而是随着泠泠之声消解现实生活中的不平，展现出清静高远的心境（图 2-13）。

这里所说的琴，专指古琴。古代文人认为音乐是沟通天人关系，并直接将

① 邓玨：《凝视与倾听——论宋代雅趣绘画中的文人视听形象》，《文化遗产》2018 年第 1 期，第 109—110 页。

宇宙秩序诉诸人的情感世界的“道”的载体，“生于人心者也”的音乐也必与天地的节律达到“同和”。在文人看来，古琴之声几乎与琴技无关，琴技的磨练提升，是为了完美地传达出琴声背后的思想与情感。琴的动人之处在于本真的自我内心，与个人情感、人生况味息息相关。西汉时期文人评价古琴：“八音之中，惟弦为最，而琴为之首。”魏晋名士嵇康一曲《广陵散》名绝天下，他在《琴赋》中称：“众器之中，琴德最优。”唐人顾况甚至说：“众乐，琴之臣妾也。”琴代表了文人对音乐的深深喜爱，对人生的深沉思考，琴还是他们之间交往的工具，通过琴声的传递达到精神的交流。因为古琴具有既来源于自然又连通人类精神世界的特性，所以弹古琴就不再仅仅是一门技艺那么简单，而是一种“纯净精神，排除私欲杂念，与大自然和睦相处的方法。不参与、不利用、不干扰，单纯在万物之中……以最简单的方式得道”①（图 2-14）。

图 2-14　仇英　柳下眠琴图轴

明代杜堇的《梅下横琴图》是对“至和无攫醳，至平无按抑”的最好阐释。

① 林西莉：《古琴》，生活·读书·新知三联书店 2009 年版，第 133 页。

在佛家看来，真正美妙的微妙之声发自人的本心，是由心灵体会到而不是由耳朵听到的。宋人成玉磵在《琴论》中说：“攻琴如参禅，岁月磨练，则无所不通。”无论是古琴的演奏者，还是琴声的欣赏者，追求琴音平和端正、清丽静远的过程，其实正是自我修行的过程，是人们平心正气、识见本心的过程。① 明代戴进的《溪堂诗思图》描绘溪流松风之处、山峰雾霭之间，有隐约寺观。一人竹屋读书，有童子捧琴而至。明代张路绘的《伫琴高士图》，高士独坐突兀悬崖之上，停琴举首仰望，似乎随着山谷中的天籁之音而神思飞扬。琴音虽断，而遗韵飘荡，令人回味无穷。正是嵇康“目送归鸿，手挥五弦。俯仰自得，游心太玄”诗句的写照，其音有尽而意无穷，声有竭而情无限，进入的是与自然浑然一体，无比广阔、深邃的审美境界（图 2-15）。

图 2-15 张路 伫琴高士图

古人以审美心态介入具有艺术性的事物，把绘画、书法、诗词、音乐、文玩、品茗、棋局等内化为人文修养，外化为生活

① 李勃洋：《东坡禅话》，中华书局 2011 年版，第 55 页。

潮流，在生活中践行着审美、艺术化的追求。这种超越精神对“物”本身及这个过程进行深度反思，成为文人生活图景必不可少的一部分，体现了中国古典美学的独特性质和审美新貌。正如魏晋时期阮籍的《咏怀》所呈现的场景：

夜中不能寐，起坐弹鸣琴。
薄帷鉴明月，清风吹我襟。
孤鸿号外野，翔鸟鸣北林。
徘徊将何见？忧思独伤心。

从历史发展看，魏晋时期的文人士大夫更为旷达，超脱世俗与道德规范，“越名教而任自然”。随着对审美认识的深化，宋代文人更强调审美体悟，对“形与神”的辨析走向韵外之致，象外之象，味外之味：“富于超世的和遁世的精神，代表与人生的物质方面最少交涉的风尚思想……是宋代的一种特色。”① 因此，生活审美化成为古代文人的生活方式和自觉追求。明清文人则更淡化了宋代审美精神中的道德理性因素，更为注重对“物”本身的感性经验所形成的生活观念，试图通过日常生活的审美化，营构一种艺术化生活空间，调适内在与外在的不协调。宏观地说，古代文人带着士大夫不可脱离的“礼乐道德”，以一种审美的态度，通过对器物历史文化韵味的观照，实现了诗意人生的审美理想。由此，古代文人的日常生活升华到了形而上的哲理性层面，具有了历史文化意蕴和人文价值关怀。

宋人李公麟言：“圣人制器尚象，载道垂戒，寓不传之妙于器用之间，以遗后人，使宏识之士，即器以求象，即象以求意，心悟目击命物之旨。”②

古代文人秉持着高蹈超迈的精神，整合儒道禅不同的理论体系，参照自然、参悟生命，从“物”与“我”融合一体的状态中契合浑然天成的自然之道，生成和谐融通的主客关系。他们刚毅果敢地打破樊笼，却也冲和平淡地容纳现实，没有任何限制地畅游古今，情寄八荒，把对立抗争消融在清风明

---

① ［日］中村不折、小鹿青云：《中国绘画史》，郭虚中译，浙江人民美术出版社 2013 年版，第 76—77 页。

② ［宋］翟耆年：《籀史》，中华书局 1985 年版，第 11 页。

月、暗香浮动的圆融世界里，在绘画中凸显自身价值和存在意义，实现了人生的艺术化。相较于宇宙的恒在，个体诞生与死亡的轮回仿佛宇宙间一粒灰尘，只不过是一个微不足道的事件，经历过种种况味的人生旅途，古代文人依然怀有对生命的深情和对生活的热爱，带着深广真挚的悲悯之情和彻悟人生世相的欢喜，探索着人生诗意栖居的途径与方式，从而推动人类的外在生存环境与内在心灵净化的进程。

宋代流传一幅《虎溪三笑图》，画的是儒士陶渊明、道士陆修静去庐山看望高僧慧远，分别时慧远送客，仍然相谈甚欢，不知不觉谈笑间已经过了虎溪之处，破了自己所定的送客不能超过虎溪的规矩。虽然儒道禅三家思想的出发点与修行方法各不相同，但殊途同归，最后走向达成审美最高境界与人生最终意义统一这一同样的目的地，三教原本彼此已经相融为一体（图 2-16）。

图 2-16　长吉　虎溪三笑图

古代文人聚会，观画是经常出现的场景，挂出自己的绘画、书法作品，供文友品评；或者取出收藏的名作，邀请大家一起鉴赏。

古人喜欢收藏历代名作。苏轼的好朋友王晋卿，热衷于“藏古今法书名画，常以古人所画山水置于几案、屋壁间，以为胜玩”。南宋的袁燮极爱挂画，特地在住所的东侧，建了一个小轩，取名“卧雪”。他把收藏的名画环挂四周，点上一炉香，就在卧雪里卧游，遍览山野泉林、亭台楼榭。书法家米芾，也是“遇古器物、书画则极力求取，必得乃已”。传刘松年的《十八学士图·观画》（图 2-17）、刘松年摹周文矩的《十八学士图》、传张训礼的《围炉博古图》、宋佚名的《博古图》，都绘有挂画的情景。挂画不仅每个农历月份有不同的选择，每个节气、每种事宜都有讲究：“岁朝宜宋画福神及古名贤像；元宵前后宜看灯、傀儡；正、二月宜春游、仕女、梅、杏、山茶、玉兰、桃、李之属……十二月宜钟馗、迎福、驱魅、嫁妹；腊月廿五，宜玉帝、五色云车等图；至如移家则有葛仙移居等图；称寿则有院画寿星、王母等图；祈晴则有东君；祈雨则有古画风雨神龙、春雷起势等图；立春则有东皇、太乙等图，皆随时悬挂，以见岁时节序。”①

图 2-17　刘松年　十八学士图·观画

① 陈植校注：《长物志校注》卷五《书画悬画月令》，江苏科学技术出版社 1984 年版，第 221 页。

艺术反映人类生活，承载人类情感。古代文人在中国传统文化的深厚积淀中，完成了士大夫和艺术家角色的整合。他们在现实世界的泥土中仰望星空，在绘画艺术里寻找勇敢独行的勇气与力量。古代绘画中的文人通过对自然宇宙的静观与凝思，以独处的形式思考人与自然的关系；通过文人之间的倾听与交流，以雅集的方式表达对生命的尊重与接受。在与自然、与他人的“对话”中，文人安抚躁动的情绪，安放漂泊的心灵，探寻自我真正所求，领悟存在的意义，也就实现了“格物致知”与“澄怀观物”的目的。古代绘画中的文人形象，既是艺术对人类的精神救赎，也是人类通过艺术而进行的自我观照。

中国古典美学是在生活的根基上建构的，也可以说，中国古代生活是美学的，二者的天然合一性解决了物质与精神、审美与生活的二元对立。所以刘悦笛认为，从“物”的维度梳理中国古典生活美学是一项重要课题，“情”的复苏与“物”的丰富，构成了此种“物之体系”的一体两面。① 中国古典美学来源于生活当下的感性生成，因此而积极介入甚至融入其中，使得本质上是实用功能的器物带有的艺术性和审美性，丰富了“物”中“情”的审美因素。正如陈鼓应所指出的：“形而上的‘道’如果不与人生发生关系，那么它只不过是一个挂空的概念而已。当它向下落实到经验界时，才对人产生重大的意义。”②

第二节　蕴含文人精神的古典建筑与园林

人类自出现以来，就开始不断探索神秘未知的大自然。历史上，《山海经》《诗经》等作品中就记载了先人对大自然的认知。在人类社会不断发展的

---

① 刘悦笛：《中国“生活美学”的物体系——明清趣味与赏物之美》，《江苏行政学院学报》2018年第4期，第18页。

② 陈鼓应：《老子注译及评介》，中华书局2009年版，第53页。

过程中，有许多著作和艺术作品也体现了人类对自然的解读和改造，园林艺术就是其中之一。

艺术起源于实践活动中，它是人类对自身本质力量的体现和肯定。先秦时期属于园林艺术萌芽期。商周时期出现了“囿”“苑”，是为怀念并希望再现祖先过去渔猎生活方式的结果，以狩猎为主，也有游赏的性质。周文王建灵囿，“方七十里，其间草木茂盛，鸟兽繁衍”。春秋战国至秦汉时期，统治阶级模拟自然美景和神话仙境，并在自然环境中增加建筑，铺张气派以显示权威地位，这时帝王园林开始与宫殿结合，发展成为帝王的苑囿行宫，如汉高祖的未央宫、汉文帝的思贤园、汉武帝的上林苑、梁孝王的东苑等。魏晋南北朝时期，战争连绵，道、佛盛行，士大夫则以玄学为风尚，崇尚自然，“避世”以保持自我平静，在哲学思想以及绘画、诗词等艺术的影响下，出现了富有自然情趣的田园山水。文人的参与、主观审美理想的渗入，使造园从模仿自然升华到了提炼自然，赋予“拳山勺水”诗情画意，曲折委婉，讲求趣味。受到此时画论的影响，山水画中“可行、可望、可游、可居”的意境营造，成为造园的最高标准。唐代国运昌盛，宫廷园林设计华丽旖旎，最著名的是唐玄宗的华清池。两宋的统治者重视造园，“寿山艮岳”的万寿山是当时规模最大的御苑。这个时期很多文化修养深厚的画家、诗人等参与造园，注重发掘自然山水中的精华，推动了山水写意园林的迅速发展。明清时期，社会稳定，国力强盛，经济发展迅猛，尤其是清代康熙、乾隆时期创建了大规模的皇家园林，如圆明园、避暑山庄、畅春园等。自明代开始，富贾云集的江南地区，出现了大量造园家和文人共同参与的私家园林，造园活动呈现鼎盛局面，如沧浪亭、休园、拙政园、寄畅园等，中国传统哲学与艺术创作影响下的“小中见大”“须弥芥子”“壶中天地”等创造手法，营造写意山水园林中的审美意境，中国园林的成就达到了历史巅峰。清朝末期，社会动荡，经济滞缓，加之外来侵略者环伺和西方文化的冲击，园林创作逐渐走向衰落，造园理论探索亦停滞不前。

古代绘画中的园林不仅是造园理论的实践与再现，也是文人精神的载体，形象地表现了文人与自然的关系。魏晋时期，社会混乱，使得汉代就传入中国的佛教迅速繁荣，并滋养了禅宗的产生，为中国古代文人儒、道、禅互补的思维模式结构的形成提供了契机。虽然从表面上看，道家无为而为的人生理念和崇尚自然的价值观，禅宗当下即悟的思维方式、平和圆满的理想境界，与儒家强调积极入世、成仁取义及大一统的家国理念截然相反，但它们实质上又是儒家思想体系在实践过程中延伸出来的另一种可能，也是儒家思想自身的拓展和补充，在思维方式上是彼此相通的。因此，儒、道、禅在思想上的契合互补结构，为文人群体的多重人格并存提供了理论基础。自此以后，道家思想和佛禅思想普遍渗入历代文人以儒家学说为基础的思想中去，共构互补地建立了文人自觉的文化思维模式。

两宋时期，禅宗作为中国化、世俗化的佛教宗派，将其教义中的“顿悟”“超越”等思想渗透到人们的日常生活中，形成了随缘任运的人生哲学。宋代文人受其影响，将其融入儒家文化和道德伦理之中，更加重视个体素养的提升与修炼，促成了和光同尘、与俗俯仰的生活态度和世俗化的审美情趣，引导了审美观念中的雅俗之辨。因此形成了古代文人认为的真正的雅不在于表面的形式，而在于主体内在的观念，这种以俗为雅的转变，使艺术创作不仅体现了时代精神和民族自信，也更加贴近日常生活。

文化作为社会统治的附属要素是中国古代封建社会的特征，在一定程度上禁锢了文人独立自由的社会角色属性。所以即使在朝文人积极修身，存君子之志，怀揣着先贤圣言的教诲引导百姓、辅弼君王，却也经常受到思想上的强迫和干预。他们转而为愤懑难平的情绪或者慷慨激越的忧患意识寻得了艺术创作这一突破口，以此形式来遣兴逸情、抒发胸臆。于是，古代文人逐渐在士大夫的身份基础上，选择了一种现实理性与艺术感性并存的生存状态，对不符合理想的现实做出艺术的反映，从而将社会中的“我”转化为艺术中的“我”，兼具了画家的角色特征。他们以笔墨写愁寄情，将现实中的无可奈何转向了绘画作品中的有所作为，将现实中的不适转向了绘画作品中的求取自适，却始终不失法度、不偏理性，坚持着安身立命的人格精神和基本信条。他们虽身在庙堂之中，以“兼济天下”为使命，却又心系江湖，向往着“依仁游艺”的忠义两全。文人画家“民胞物与”的人格修养、“万物齐同”的人生理念、对自然生命的敬畏与热情，滋生了文人画家的人格精神，也为文人画家不同处世态度的自我协调提供了支撑基础，这一思想直接促使文人画具备了中国传统文化的表征。

古代文人习惯于自然山水中寻得情感的共鸣和心灵的寄托，他们通过观察自然，提炼美的意象，融入主体的价值取向和审美意趣，创造艺术。绘画中的园林体现了文人崇尚天然的特征，是用山水、植物等要素构建或微缩典型化的自然。

其一就是园林选址遵循自然之理，看重保持自然原始风貌的特点，因地制宜，通过园外之景呈现更为丰富的景观体验，园内景观的设置通过“借景”实现园林内外浑然一体。在绘画作品中，常见高及树梢的台阁亭馆，就是为了摄取园外自然景色而专门设计的，富有自然野趣之美。所以彭延年《浦口村居好》诗中写及“切云架楼阁，依水植琅轩”“凭高望处赊”，才望得“稻田千万顷，农舍两三家。樵路通云磴，溪船簇蓼花”。

其二是园林的景观以植物为主，以呈现出园林与自然环境的最大程度契合。作为大自然的主要构成部分之一，植物是人与自然连通的有效途径。绘画中的园林通过植物景观的荣衰代谢，与山水、建筑相互映衬，反映着春秋的更替与时光的流逝。更有单独使用某一种植物作为园林主体的主题性景观，赋予植物特定“比德”的品性，呈现出强烈的人文精神。叶梦得曾在《避暑录话》中说：“山林园圃但多种竹，不问其他景物，望之自使人意潇然……吾始得此山，即散植竹，略有三四千竿，杂众色有之，意数年后所向皆竹矣。”①

从古代绘画中的园林可以看出，园林造园的要素如山、水、植物、建筑等不追求体积庞大、数量繁多，少用设计技巧，也不过多地划分景域或景区，而是在总体上营造完整且不流于琐碎的视觉感受。一般来说山体平缓，水体面积较广，配置以大面积丛群植物和低密度的建筑，善于在布局上留白，以虚实相生营造出一种疏朗开阔的空间，如周密在《吴兴园林记》中记莲花庄“四面皆水，荷花盛开时，锦云百顷”；李格非在《洛阳名园记》中说文潞公东园“水渺瀰甚广，泛舟游者如在江湖间也”。古代园林所追求的“精而造疏，简而意足”，既展现了人类对大自然的概括与提炼，也为文人活动提供了空间与氛围。

---

① 朱易安等：《全宋笔记》第2编（10），大象出版社2006年版，第341页。

在宴饮之风盛行的封建社会，园林成为文人活动的主要场所之一。古代文人多走科举之路而身居官场，内心却依旧保持雅致的审美情趣。所以绘画中的园林，即使是皇家园林也不再单纯地追求规模宏大、奢华富丽的面貌，而通过自然、幽静等风格，更加凸显“雅”的精神追求。正所谓“园林密易疏难，绮丽易雅淡难，疏而不失旷，雅淡不流寒酸”①。米芾曾在《西园雅集图记》中描述西园之清雅：“水石潺湲，风竹相吞，炉烟方袅，草木自馨，人间清旷之乐，不过于此。”又在为朱长文作的《乐圃先生墓表》中描绘其所建“乐圃”的书卷之气：“筑室居乐圃坊，有山林趣，著书阅古，乐尧舜道……”足见文人之于园林，相较于园林的“物”的属性，更注重其精神性丰富意蕴的广度和深度。

与西方绘画在静态构图中描绘有限空间的焦点透视不同，中国绘画以散点透视描绘客观世界，艺术家不固定于一个焦点，不局限于一个视野，可以根据主观感悟随时变换观察点，从而使不同时间和空间的景色可以出现于同一画面，取景不受限制。散点透视的空间是从一人之视角收纳天地之广大，从而形成连续动态的画面。所谓咫尺千里，即在有限的画面中见大千世界。

古代绘画中的园林也体现出了这种超越时空的特点，当视线固定于一点时，呈现某一景观；而以变化多端的游赏路径串联景观，视点随之移动时，则形成连续的动态风景，一步一景，景随步移，景景相连。以主观视角串联的园林景观，不仅呈现出此时此地之“所见”，还传达了彼时彼地之“所知”和心中意念之“所想”，也就是“登山则情满于山，观海则意溢于海”的以情感景、以心观景，从而“景与神会，象与心融”，令人驰骋神思，神游物外（图 2-18）。

宋代苏轼说：“寓意于物，虽物微足以为乐。”文人在有限的园林空间里，感受到了自然世界的精微奥妙与宇宙本体的无处不在，体会到了斗石勺水融入星辰大海的无垠之境。毛滂在《蓦山溪》中写道：“试择其蝼蚁之余，加以斧斤，乃能为亭二，为庵、为斋、为楼各一，虽卑隘仅可容膝，然清泉修竹，便有远韵。”

---

① 陈从周：《说园》，同济大学出版社 2017 年版，第 54 页。

图 2-18　马麟　秉烛夜游图

园中一尺山石或一方池水，一簇野花或片片落叶，都让人宛如身处自然之境，进而胸怀得到放松和舒展。借“壶中天地”以游心寓意，不受任何外界的限制，从壶中小景得以实现精神的自由与心灵的遨游，创造山川万里的天地大美，这已经内化为古代文人普遍自觉的审美意趣追求。

中国传统文化中万物同源的哲学观，将人看成是与自然同时存在并依赖于自然的一部分。这既解释了人与自然在本源层面密不可分的同一性，也从价值实现层面指向了人生的终极理想境界。

古代文人通过艺术创作，表达对自然的情感认知和对人类本源的客观追寻。他们试图在艺术里实现梦想，习惯从自然中寻找生命，也在自然中审视自我。绘画中的园林崇尚天然，是概括提炼了典型物象的突出特征后，在反映其外在形貌的基础上，更进一步超越了浮华表象的形似而直达其内在本真的核心。庄子认为，天地有大美而不言，天地万物的运行遵循其自有规律，但这个规律不能用语言表述，而是附于外在的物象呈现。宇宙自然遵循着造化，自然之物都蕴含了规律，只有把握住内在的规律性，才能从物境之自然升华到情境之自然。园林中的山、水、植物、建筑等要素，通过或独处或雅集的文人活动成为一个完整的有机生命体，将自然美、精神美、功能美融为一体，实现了可行、可望、可居、可游的审美理想，顺应了自然与人性，宇宙自然与生命个体以艺术的方式凝聚为一体，从而由“技”上升到了“道”，最终实现“天人合一”。

古代文人在中国传统文化的浸润中形成了儒、道、禅合流的思想观念，引导着他们以艺术的形式保持着自身的独立性，以宽广的审美眼光去拥抱大千世界，所以“凡物皆有可观”，为后人提供了富有启迪意义的审美范式。绘画中的园林，是对自然风景独到的精炼概括和更富审美情趣的艺术再现，既崇尚自然又疏朗雅致，包含宏远旷奥的宇宙风景，体现了基于直观感应论下的主观艺术创造，因此表达着古代文人对人与物、人与自然的思考，对外在与内心的辨析与挖掘。古代文人与世间万物怡然自得地徜徉于他们共同营造的和谐家园中，快意自在、通脱放达，其外化出的以小见大、天人合一的审美思维，不仅折射了对自然生态的尊重与向往，更是对具有双重人格的自我救赎（图 2-19）。

自然山林在中国传统文化中占有十分重要的地位，影响了后世文人士大夫的生活方式。郭熙在《林泉高致》中解释了山水受文人钟情的原因：“君子之所以爱夫山水者，其旨安在？丘园，养素所常处也；泉石，啸傲所常乐也；渔樵，隐逸所常适也；猿鹤，飞鸣所常亲也。尘嚣缰锁，此人情所常厌也。烟霞仙圣，此人情所常愿而不得见也。”

从魏晋“竹林七贤”的于山林之中抒发建安风骨，到王羲之与名士于会稽山下的兰亭雅集，从陶渊明的“采菊东篱下，悠然见南山”，到王维的“行到水穷处，坐看云起时”，山林被赋予了浓厚的生命色彩（图 2-20）。古代文

图 2-19　马远　西园雅集图（局部）

人的审美化生活观念寻得了一条通往人类终极理想的路途，即是审美理想、自由精神的实践化，是自然空间的人工化、艺术化。① 人作为万物的一分子，栖居天地之间，便获得了一种宇宙精神。魏晋时期，百家争鸣，在礼乐秩序受到挑战的背景下，以文人士大夫为代表的生命个体意识的觉醒，催生了文人园林的萌芽。他们将人生感怀、世事哲理融入造园活动中，将造园活动升华为寄托理想、陶冶性情的艺术创作，促成了古代中国文人园林极其特殊的自然境界。古代文人眼中的园林，既可以消除尘嚣的烦扰，又可以使人体会到山林的野趣，是与人的精神合二而一的存在。深厚的文化土壤，使自然成为人的道德精神、心的自由精神、人生的澄明境界的体现，这也是文人园林的意趣所在。如晚明名士沈周、文徵明、王世贞、张凤翼、陈继儒、文震亨、计成等，都曾装点山林，亲自设计营建山居、别墅和园林。在他们看来，造园就是要“罗十岳为一区，驱五丁为众役，悉致琪花瑶草，古木仙禽，供其

① 赵强：《说“清福”：关于晚明士人生活美学的考察》，《清华大学学报》（哲学社会科学版）2014 年第 4 期，第 124—133 页。

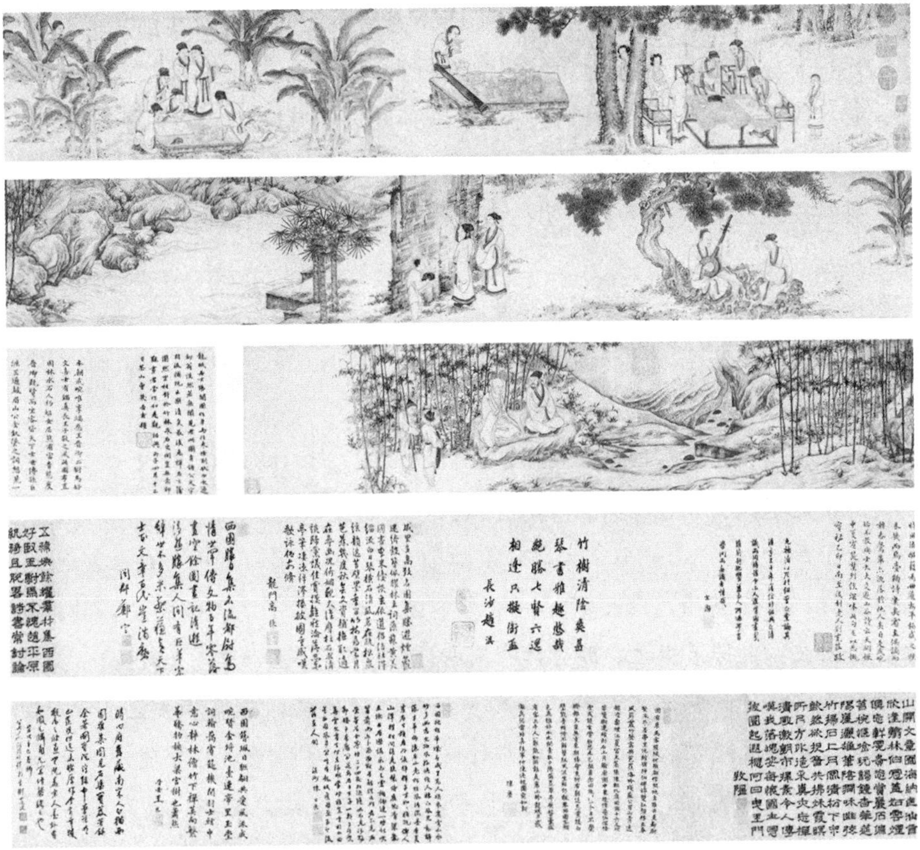

图 2-20 李公麟 西园雅集图

点缀，使大地焕然改观”①。另一方面，这种人工化、艺术化了的自然空间，又是作为“生活场域”而被改造的，是为了营造具有“画意”的生活空间，让人在世俗日常生活中“怡情丘壑，顿开尘外想，拟入画中行”②。“不光靠色彩、质地和形状，而且靠呼吸、气味、皮肤、肌肉运动和关节姿势，靠风中、水中和路上的各种声音”③，引发对生命的一往情深。从这种意义上说，原本

① 郑元勋：《园冶题词》，陈植：《园冶注释》，中国建筑工业出版社 1988 年版，第 37 页。

② 计成：《园冶·借景》，陈植：《园冶注释》，中国建筑工业出版社 1988 年版，第 243 页。

③ ［美］阿诺德·伯林特：《环境美学》，张敏、周雨译，湖南科学技术出版社 2006 年版，第 19 页。

与尘俗生涯、日常生活相隔绝的自然山水，也被充分世俗化、生活化了。

定山草堂主人庄昶说："予在定山种竹，天峰阁左右各千余竿，有若屏然。每大雪，竹益苍翠，清映窗牖。予坐其间，觞咏啸傲，无不相对，意甚适也。虽窗草不除，花柳前川，不过是矣。"①

师从庄昶的明代才子文徵明在多次拜访老师后，作《谒江浦庄先生留宿定山草堂》诗云：

十亩青松四面山，草堂宛转乱流间。
若非清福安能主？为访高人得暂闲。
竹圃眠云秋濯濯，水舂供枕夜潺潺。
就中何事犹堪羡？国是人非了不关！

这正是宋代罗大经所写的《山静日长》中的文人向往的理想境界：

唐子西诗云："山静似太古，日长如小年。"余家深山之中，每春夏之交，苍藓盈阶，落花满径，门无剥啄，松影参差，禽声上下。午睡初足，旋汲山泉，拾松枝，煮苦茗啜之。随意读《周易》《国风》《左氏传》《离骚》《太史公书》及陶杜诗、韩苏文数篇。从容步山径，抚松竹，与麛犊共偃息于长林丰草间。坐弄流泉，漱齿濯足。既归竹窗下，则山妻稚子，作笋蕨，供麦饭，欣然一饱。弄笔窗间，随大小作数十字，展所藏法帖、墨迹、画卷纵观之。兴到则吟小诗，或草《玉露》一两段。再烹苦茗一杯，出步溪边，邂逅园翁溪友，问桑麻，说粳稻，量晴校雨，探节数时，相与剧谈一晌。归而倚杖柴门之下，则夕阳在山，紫绿万状，变幻顷刻，恍可人目。牛背笛声，两两来归，而月印前溪矣。

味子西此句，可谓妙绝。然此句妙矣，识其妙者盖少。彼牵黄臂苍，驰猎于声利之场者，但见衮衮马头尘，匆匆驹隙影耳，乌知此句之妙哉！人能真知此妙，则东坡所谓"无事此静坐，一日是两日，若活七十年，便是百四十"，所得不已多乎！②

---

① 庄昶：《竹雪轩记》，《定山集》卷八，《影印文渊阁四库全书》集部第1254册，第314页。

② [宋] 罗大经：《鹤林玉露·丙编》卷四，王瑞来点校，中华书局2008年版，第304页。

第三章　古代文人画中的文人审美范式

古代文人的生活观念影响其生活美学实践，从魏晋时期的酝酿到唐代水墨绘画的出现，再历经宋元明清的发展，文人画体现出了包括创作态度、文化立场、价值诉求、形式语言等层面的独特审美范式。古代文人将审美生活化、人生艺术化，通过现实的生存转化对自由的追寻，展现了中国文化最精微极致的审美境界。

第一节　古代文人的思想与艺术

"人文"一词最早出现在《周易》的《贲卦·彖传》中，泛指人类发展过程中创造的文明智慧以及人类从事的实践活动。贲卦的彖辞上讲："刚柔交错，天文也。文明以止，人文也。观乎天文，以察时变，观乎人文，以化成天下。"意思是天生男女有别，男刚女柔，刚柔互补是"天文"即天道自然，依据这个自然规律男女结为夫妇，又从夫妇而化成家庭、国家、天下，这是人文，是社会人伦。治理国家必须观察天道自然的运行规律，也必须把握现实社会中的人伦秩序，形成合乎文明礼仪的行为规范，并由此而推及天下，以成"大化"。东汉时期，"文人"的概念已发展为从士大夫身份衍生出的"一种文化身份"。他以个人情趣合法化为归依，维系着文统的独立性，从而拓展个体性精神空间，获得美感的享受和心灵的自由。①

儒家是先秦诸子百家之一，由孔子创立，脱胎自周朝礼乐传统。秦朝建立中央集权的封建国家后，秦始皇推崇法家，焚书坑儒，使儒学遭受了毁灭性的打击。秦朝之后的汉代以继承中原文化正统为统治策略，汉武帝听从董仲舒的建议，罢黜百家、独尊儒术，于是开启了封建时代儒学居于统治地位的历史。从此，以仁、恕、诚、孝为核心价值的儒家学说成为中国传统文化中根基最为牢固的主导思想，它强调仁与礼相辅相成，重视个体的内在品德修养，力图重建礼乐秩序，其中“中和”是儒家学说中对于道德行为的终极理想。

《中庸》道：“喜、怒、哀、乐之未发，谓之中，发而皆中节，谓之和。中也者，天下之大本也；和也者，天下之达道也。致中和，天地位焉，万物育焉。”

意思就是人没有喜怒哀乐的情绪的干扰，心态平和的状态叫作中；产生各种情绪上的变化，虽然表露出来但能够适宜、恰当地处理，而不偏执沉溺任何一种感情，叫作和。从个人扩大到自然与社会的诠释：中，是天下存在的根本；和，是天下通行的准则。中是和的本质，和是中的表现。中和的境界就是不偏不倚的均衡适度，天地、社会按照这个规律运行，万物生生不息，人人和谐共处。“中”与“和”作为相对立的两个概念，既有相同点，也有不同处。“和”是把许多复杂矛盾的事物有机地统一起来，而“中”则是指在“和”的基础上所采取的中立且不偏不倚、坚持且兼容并蓄的态度。“中和”的理念就是将矛盾的各方面调和统一起来，使其和谐适度地同时存在，也就是求同存异的道理。

中国古代文人大都自幼学习诸子百家，具有深厚的文化底蕴及艺术素养。儒家的礼乐入世、道家的虚化超脱、禅宗的物我两忘在客观上为面临进取与隐逸两难抉择的文人，起着心理上的协调作用。但在中国文化的背景下，对于理想的文化设计使儒家思想成为支持文化体系的大框架。

---

① 李春青：《“文人身份”的历史生成及其对文论观念之影响》，《文学评论》2012年第3期，第200页。

在中国封建社会历史中，科举一度是选拔人才和跨越阶层的唯一途径。古代士人从幼年起就开始诵读各类经典史籍，了解儒、道、法、禅等众家先贤们的思想中蕴含的哲理。在漫长的学习过程中，他们要学会逻辑严密地论证治国良策，机敏从容地写作诗词文赋，还要对可以陶冶性情的琴、棋、书、画等艺术领域有所涉猎。在自觉完备了所有才学上和人格上的积淀锤炼之后，在接受了传统文化的熏陶教育、具有文人深厚的文化底蕴及艺术素养之后，他们开始接受从低到高、不同层次的数轮科举的考验。在封建集权国家尔虞我诈、残酷黑暗的官场里，年轻文人怀揣着先贤圣言的教诲和为民请命、匡扶世道的梦想，无所畏惧地开始了“治国平天下”，践行着用“善”的道德原则引导百姓民众、辅弼君王的“圣人之言”。

儒家思想认为“欲”是人性中的一部分，不排斥对利益、功用的追求，但要以合理的“道”的形式来实现和满足。《论语·里仁》中说：“富与贵，是人之所欲也；不以其道得之，不处也。贫与贱，是人之所恶也；不以其道得之，不去也。君子去仁，恶乎成名？君子无终食之间违仁，造次必于是，颠沛必于是。”人人都想得到金钱和地位，但是，君子不接受不正当的手段所得到的金钱和地位。人人都厌恶贫困和卑贱，但是，君子不通过不正当的途径摆脱它们。君子丧失了仁的准则，就不会有好的名誉。君子会一直遵守仁的原则，不会在一顿饭的时间内丧失，即使状况匆忙紧迫或者颠沛流离的时候，也要秉持仁的原则。也就是说，对于君子而言，富贵是在“仁”的价值取向指导下得到的，并将其作为规范行为的一种道德准则和不可推脱的使命，即文天祥所言“孔曰成仁，孟曰取义”。儒家子弟不间断地将“仁义”的观念渗入思想体系，从而使仁义之道成为安身立命的基础，萌生了贯彻天地之间的浩然之气，这也是君子人格修养中最高的精神境界。

然而在森严的礼法专制社会，儒家思想的践行因受到皇权的牵制而受到影响，削弱了文化设计中文人作为独立整合角色的力量，比如“民本”的思想，从孔子的“仁者爱人”，到孟子的“民为贵，社稷次之，君为轻”，再到荀子的“君者，舟也；庶人者，水也。水则载舟，水则覆舟”，在某一历史阶段可能就会因为统治阶层的干扰得不到实现。道家与禅宗的出现，既不破坏文人虔诚的理想信仰，也能调适理想与现实的矛盾冲突。中国历史上，从王维到苏轼再到“宋四家”，从“元四家”到“清四僧”，许多文人在青年时期对朝廷充满希望，期待能高居庙堂，施展才能，造福于民。但随着对社会现实认知的不断深入、人生阅历的不断丰富，文人经历了从希望到失望再到绝望的过程，最终在道禅的引导下走向超脱隐遁的道路。

魏晋南北朝时期国家分裂，战争不断，思想领域异常活跃，玄学的盛行使老庄哲学迅速、全面地融入儒家思想，同时汉代就传入中国的佛教广泛流行，渗透到政治、经济、社会、民俗及文化等各个层面。

道家思想即老庄哲学，崇尚道法自然，无为而治，认为“道”是世界的最高真理和宇宙万物的本源，并以“道”来探究自然、社会、人生之间的关系，与自然和谐相处。宇宙自然不以人的意志为转移，客观环境中事物的变化无端会使人的心情也随之起伏波动，人生就是跟随变化产生的喜怒哀乐的重复循环，痛苦的根源是因为不了解万物的变化规律与存在方式的“道”，而不停地追求欲望。“道”就是看待一切外在都没有绝对的分别，善与恶、美与丑、自己与他人、万事万物之间都是相同的。得“道”就会进入物我不分、融为一体，忘却自己以及周围的世界，就像忘水畅游的鱼儿、空中翱翔的飞鸟一样快乐。因此道家中“法贵天真”“大美无言”等美学思想，契合抛弃私欲、摆脱世俗“有所为”的观念，提倡追求情感精神的纯任自然，让人性回到鸿蒙初开之时的本真状态，达到与自然融为一体的绝对自由解脱的境界。这样才能挣脱负累与束缚，不为外在社会的因素侵蚀，甚至对生死问题也泰然自若，从天地合一中达到个体的绝对自由。在儒家思想的基础上扩展到对道家思想的把握，使得文人平静从容地看待万物的变化与湮灭，更完整、更深入地领悟生命哲学。这与艺术有很深的相通性，古代文人借助道家思想摆脱自身的欲望与外物的干扰，通过忘情艺术来摆脱世俗的束缚，并达到万物为一的逍遥境界（图 3-1）。

两汉时期，佛教从印度传入中国之后，与中国本土的道教、玄学等传统文化融合发展，最终发展了带有中国色彩的禅宗。禅宗主张明心见性，舍离文字，直彻心源，提出了“即身成佛”的“顿悟”思想，它提倡的自然任运的思想渗透进古代文人的日常生活里，形成了当行就行、当止就止、自然合泊、随缘任运的生活态度。禅宗崇尚发掘人的本心，认为只要认识本心，发

图 3-1　李唐　松湖钓隐图

现真性，便自然入佛门、成佛道，即是说“我心即佛”“我心即山河大地”，也是慧能《坛经》说的“识心见性，自成佛道”。世界万物，如果没有了我心，就不能越过世事沧桑，见到日月星辰。不管是推崇坐禅“渐修”的北宗，还是推崇“心下顿悟”的南宗，只要认识到本心就能彻悟佛法真谛，以自心觉悟的解脱方式达到空灵圆融的自由境界。禅宗的所有理论最终要忘却现实的忧愁烦恼、喜怒哀乐，回归到“物我合一”的水流花开之境。禅宗本源意义中强调“个体的‘心’对外物的决定作用的强调，它对通过个体的直觉，顿悟而达到一种绝对自由的人生境界的追求，在唯心主义的神秘形态下，它含着同审美和艺术创造极为类似的心理特征的深刻理解”①。

儒家思想的正统地位和佛道二教在思想领域的兴起发展，为三教合流提

① 李泽厚、刘纲纪主编：《中国美学史》（第一卷），安徽文艺出版社 1999 年版，第 3 页。

供了条件和契机，中国古代文人精神世界的儒、道、禅互补的思维模式结构开始形成。虽然儒道佛三家有各自的理论体系，儒家强调仁义道德的高洁品性和家国天下的价值取向，道家崇尚清淡无为的人生理念和万物齐同的价值观，禅宗追求自心觉悟的思维方式、清明空灵的理想回归，但道禅都是在儒家思想体系自我完善与革新过程中，而延伸出来的一种思想认同，在实质上也是儒家思想认知和实践的另一种可能，所以在思维方式上是和儒家思想彼此相通的。也就是说，儒、道、禅的差异，并不是思想系统的重建与对立，而是行为表现的转换和互补。文人如果“达则兼济天下”便是儒家，入世为官，积极进取；如果“穷则独善其身”也可以选择道家的出世隐居、悠游自然，甚至隐遁到比道家更与世无争的佛禅世界中去，从而构建起“儒治世，道修身，释养性”的心理结构（图 3-2）。

图 3-2　李唐　松湖钓隐图

总的来说，作为文人画创作的主体，中国古代文人是一个特殊的群体，其思想观念受儒、释、道三家合流而成的中国传统哲学观影响，既有“先天下之忧而忧”的家国责任，不放弃“乘物以游心”的独善其身，也可以接受妙悟“一花一世界”的见性成佛。

封建社会本身带有强烈的民族和阶级压迫属性，文化处于政治的从属地位，作为附属要素经常受到强制性的凌辱和迫害。即使文人实现了入朝为官、参政议政的理想，却也不一定能实现抱负、大展宏图。如苏轼等人一样屡遭贬斥而心灰意冷的文人，面对社会的黑暗混乱和思想领域的严格控制，感到在面对命运强大的力量时，个人的无能为力与无可奈何，从不能、不敢反抗到不愿、不屑与政治发生联系，于是主动或被动地选择逃避，隐迹于山野林间，寄情于风花雪月，以一种不合作、不抵抗的态度来坚持他们的气节。他们将愤懑难平的情绪或者慷慨激越的忧患意识，都寄托在艺术创作中。于是文人画家逐渐放弃了社会地位，选择了一种幻想世界的生存状态——现实的隐遁与艺术的张扬。从唐代开始，受禅宗影响，中国绘画从早期儒家学说道德教化的价值取向转入带有老庄和玄学意味的禅学价值取向，从而使古代文人画显示了浓厚的禅宗意味（图 3-3）。

图 3-3　佚名　柳溪书屋图

中国古代哲学思维注重直观，通过对大自然一草一木的直觉体验，达到精神与物质的合一、情感与对象的交融，进而把握人的本体存在。禅宗中“顿悟”的非理性化方式同中国传统文人追求精神自由、祈求心灵平静的人生理想相吻合，从而引导了艺术静观妙悟的审美方式。“在人生忘我的一刹那，即美学上所谓‘静照’。静照的起点在于空诸一切，心无挂碍，和世务暂时绝缘。这时一点觉心，静观万象，万象如在镜中，光明莹洁，而各得其所，呈现着它们各自的、充实的、内在的、自由的生命，所谓万物静观皆自得。”①作为文人画家直观悟道、因象观心的“缘起”，朦胧含蓄的美感皆派生于对自然世界真如妙境的体悟。古代文人在宇宙之外的角度，用心灵宏观观照整个律动的自然，在时间中徘徊，在空间中移动，多层次、全方位地描绘超象虚灵的诗情画境。他们身心畅游于目所顾盼、身所流连的层层山、叠叠水，由远至近，曲折盘桓，回旋往复，将生命与空间融成的气韵生动，表现宇宙无限的寂静，随着虚实明暗中缥缈浮动的气运节奏，以大观小地俯仰宇宙（图3-4）。

禅宗把禅思和禅趣引入了文人画，相比较形式和载体，这种更深层次的艺术意味改变了文人创作的艺术思维方式，催生了文人画独特的艺术审美形式。文人画家力图通过作品“意境”审美的方式消解社会矛盾，躲进自我构建的审美空间，在自我陶醉中寻求精神的寄托与慰藉。古代文人注重真情实感的流露，比如米芾所倡导的“平淡天真”的艺术追求，实质上就是文人精神共同的创作理念表现。米芾说董源的画“平淡天真”“皆得天真”“天真多”“平淡趣高”。“天真”就是“重神轻形”，追求心灵、情感、生命的真实，最后汇聚成真实的体验。审美是最具个体性的心灵活动，绘画艺术是创作主体的精神产物，文人画家通过艺术创造表现出自然的本质，暗合了禅宗强调精神超越物质的实在外形的能动作用。在花自飘零水自流的幽境中，古代文人面对这静静的自然、空寂的宇宙以及纷扰的世界抒发着内心悠远而绵长的情思，以虚空、淡泊、幽远的审美情趣实现自我精神解脱为核心的人生哲学，又在对宇宙自然的观照和对自我存在的审视中，领略到人生的哲理并把它涵

① 宗白华：《美学散步》，广西师范大学出版社 2005 年版，第 25 页。

图 3-4　文徵明　仿米云山图（局部）

化到心灵深处，在那里似有还无的情感与静寂幽深的物象合二为一，恰好似镜花水月、朦胧含蓄的禅境。在文人的心灵与自然相交合的直觉体验中，悟本穷源，升华意境（图 3-5）。

图 3-5　佚名　江亭闲眺图

禅宗要求人们追求的便是这种物我合一，即心即佛，超然之外，又拘守灵府之中的境界，是人存在的最高、最完美、最和谐的状态，人与自然的高度和谐统一的最高境界，体现在文人画中是禅境的艺术化，也就是文人的“心境”。它是经过艺术家自我提炼后对人生的深刻体验，对生命的哲学把握，具有“只可意会不能言传”的朦胧美和象外之境。[①] 正如徐建融在谈论法常绘画时所说：“开卷都是一片光霁，扑人眉宇，眩人心目。令观者通体透明，几欲化去，渐渐地才幻现出若有若无、迷离旷荡的村落、树影、渔舟、山色……这一切最终又还原至空明中。画尽意在，思在象外。整个画面融合在一种变幻灭没的禅意中，涵浑出一片具有无限深蕴的觉悟空间。”[②]（图 3-6）

图 3-6　法常　水墨写生图（局部）

道家思想提倡“澄怀观味”，指通过静观寂照使自己的心灵节奏与宇宙内部生命节奏契合。这“有节奏的跃动”说明宇宙人生的独特哲学观决定了艺术中的“气韵生动”（即“生命的节奏”），这不仅是艺术创作追求的最高目标，也是中国艺术的本质。看似静寂的自然映照出了生命存在的跃动。这静寂既不是环境的安静，也不是心灵的宁静，而是一种“永恒的宇宙精神，是

① 施荣华：《中国文人画的禅宗美学精神》，《云南师范大学学报》（哲学社会科学版）2002 年第 5 期，第 82 页。

② 徐建融：《法常禅画艺术》，上海人民美术出版社 1989 年版，第 61—62 页。

没有生灭变化感的静，是绝对平和的静”①。

禅宗思想认为虚空中见实有，寂寥中又酝酿着人类弱动的生机。实是从虚转出的，意象空灵，境界澄明，故有实在。因此文人画是在无边的虚空上体现世界的真实，即所谓“无画处成妙境”，大象无形，大音希声。虚白的空间上纵然只有一花一鸟、一山一水，也承载了无限的深情与深意，这不仅是艺术心灵中生命情调的表现，也是对宇宙自然无限精深微茫的渗透，在无所着落处求动、求飞、求逸，于虚空中追求一脉生命的清流（图3-7）。

图3-7　（传）马远　山水游舟图

古代文人画虚空静寂、微妙至深的意境，生命与自然相对无言，以拈花微笑静观纷纷万象、感受腾踔生命，直观了悟，澄怀观道，最后圆成于有限生命与无限自然的哲学境界，即物我同化的禅的心灵状态。

文人在道家思想上融合了禅宗思想，面对如人类生死根源、宇宙与存在等形而上的哲学问题时，从艺术中找到答案以排除自身的烦忧与世俗的干扰，追求精神上的绝对自由。每一个个体的存在与否，对于永恒的宇宙自然来说仿佛一粒尘埃微不足道，经历过种种大喜大悲的人生路途使他们始终怀有对生命的敬畏和情意，感悟到世界的存在与变化之道，从而形成儒道禅合一的人生观与艺术境界。虽然三家思想的出发点与修行方法各不相同，但殊途同归，最后走向同样的目的地。在漫长的发展历程中，历史上出现过的各种思想学说都可能汇入成为文人画精神的源流，或对其产生影响。但在这些观念

① 朱良志：《水不流花不开的寂寞》，《艺术百家》2009年第5期，第61页。

图 3-8　吴镇　渔父图

元素中，儒家学说不容置疑地成为构成人文精神的基础，与老庄、禅宗一起成为组成文人画人文精神的三大观念源泉。因此文人画始终保持了自己的鲜明特色，直接参与了中国文化的进程，成为中国文化的象征而存续下来。

无论是山水画、花鸟画还是人物画、风俗画的创作，儒家思想观念都是其中最稳定、最基本的潜在驱动力量。儒家思想作为封建社会的主导精神根基，不仅直接影响到统治者对国家文化政策方向的确定，影响古代绘画审美趣味的确立，同时也深刻影响了文人画的发展。儒家思想中的某些积极因素已经成为文人画的人文精神中最为基本的积淀。儒家思想中天下一体、民胞物与的人格修养理念，浸润了文人画家开阔的胸襟与眼界。在文人画发展过程中，出现从写实向写意的自觉转换，出现从注重客观外在形式向主观内在精神的自觉转化与超越，儒家“游于艺”的思想观念起到了巨大的促进作用。没有“游于艺”的儒家艺术观就不可能有魏晋时期“澄怀观道”“畅述幽情”的山水画的出现，就不可能有宋元时期写意花鸟画的萌发和明清时期人物画的转变。正是“游于艺”这一儒家思想观念，为文人画的历史性转向提供了内在的理路支撑，直接促使中国画完成了从注重外在秩序走向内在超越的转向（图 3-8）。[①]

古代文人画的丰富内涵是由创作者的社会

① 张洪波、赵启斌：《略论儒家思想与中国画人文精神》，《国画家》2013 年第 6 期，第 71 页。

地位和身份角色决定的。中国传统文化影响和陶冶下的文人群体以渊博的学识取得功名，进而入仕获得一定的社会地位，之后凭借其深厚的文学修养和艺术才能进行艺术活动和审美活动。比如文人画的鼻祖王维、唐宋八大家中的苏轼、米氏父子、元四家、明四家、清四僧、金陵八家等，虽然他们多以画名于后世，但是他们首先是具有深厚文化修养基础的文人，都有诗文留世，而且善书法，精于鉴赏。中国古代艺术活动的体系是由艺到人，再由人到艺的双向循环(图 3-9)。

图 3-9　郑板桥　竹石图

国画大师傅抱石在 1942 年《壬午重庆华展自序》中提到，绘画的文、人、画三个要素，第一“文”是诗文功底，指的是文学的修养；第二“人”是画家的人品操守，指的是高尚的人

图 3-10　傅抱石　幽谷话旧

格；第三“画”是作品本身的笔墨技法，指的是画家的技巧。也就是说，文人画是包含了学问、道德和技艺为一体的具有浓厚文化精神的艺术体系，在这三者中又以文人的才情和人品为重，突出了文人超越物像之外，以才学为基础、人格为主导的特殊民族审美心理，反映到审美接受活动中，就是文人画的品评标准，也是文人画具有超越历史、超越时代的价值所在（图 3-10）。

据文献记载，从汉代开始就出现了文人士大夫进行绘画创作的现象，许多著名文人也有画作问世。如著名的文学家、科学家张衡官居侍中、河间王相，也是当时杰出的画家。《后汉书·赵岐传》说赵岐亲自为自己的坟墓作画题词，没有选择当时流行的享乐宴饮题材，而是画了先秦四位政治家子产、季札、晏婴、叔向的肖像，同时也画上自己，以表达仰慕之情。《历代名画记》中记载汉桓帝时期的蜀郡太守刘褒曾画《云汉图》《北风图》。汉末士大夫蔡邕，以文史、书法扬名，曾画孔子及七十二弟子像。魏晋南北朝时期，由于玄学盛行，文人士大夫普遍崇尚超世旷达的思想，对精神生活愈来愈高的追求使得绘画、书法等艺术活动逐渐成为士族文化生活的重要部分。文化积淀深厚的文人画家如顾恺之、王羲之、王献之、王微、宗炳、谢赫等，不仅以书、画作品流传千古，还随着绘画鉴赏、收藏、品评风气的流行，留下了《论画》《魏晋胜流画赞》《画云台山记》《画山水序》《叙画》《古画品录》等诸多有关绘画的理论及史料。唐代文人水墨画的出现与迅速发展直接促成了宋元之后文人画盛行于古代画坛，成为代表中国绘画甚至中国文化的主要标志。

三国时期的曹植曾著有《画赞序》，全文已失传，只有片段保存在《太平御览》《艺文类聚》等书中，其序文中赞同绘画的政治道德教化功能，说："观画者，见三皇五帝，莫不仰戴；见三季暴主，莫不悲惋；见篡臣贼嗣，莫不切齿；见高节妙士，莫不忘食；见忠节死难，莫不抗首；见放臣斥子，莫不叹息；见淫夫妒妇，莫不侧目；见令妃顺后，莫不嘉贵。是知存乎鉴戒者，图画也。"

虽然六朝时期仍受这种理念的影响，但当时的绘画理论中已经出现了"工体"和"士体"的模糊概念。谢赫在他的《古画品录》中评论刘绍祖的画："伤于师工，乏其士体。"唐代的彦悰也在《后画品录》中说郑法轮的画："不近师匠，全范士体。"也直言表露了崇尚士体、轻视工体或匠体的艺术倾向。宗炳在《画山水序》中论画山水的创作思想是"余复何为哉？畅神而已"。王微的《续画》则写到创作过程中"望秋云，神飞扬，临春风，思浩荡。虽有金石之乐，珪璋之深，岂能仿佛之哉"。其都从不同角度充分体现了文人画自娱、畅神、抒情的绘画功能。民族文化的传统基因渗透于古代文人画家的文化气质与精神品格中，进而呈现在当时尚未成型的文人画的创作和画论中。从主观审美趣味分析，文人画家所强调的诗文、才学这些表层性因素，是通过自身诗文学养的书卷气质和生活情趣所散发出的，所以清人唐岱在《绘事发微》中曾总结古代的画家说："画家得名者有二，有因画而传人者，有因人而传画者……因人传画者，代代有之，而因画传人者，每不世出。盖以人传者，既聪明富贵，又居丰暇豫，而位高善诗，故多。以画传者，大略贫士卑官，或奔走道路，或扰于衣食，常不得为，即为亦不能尽其力，故少。然均之皆深通其道，而后能传，道非兼通文章书法而有之，则不能得，故甚难。"

中国古代绘画评价体系以文人画家在道德实践中所表现出的才能、智慧等作为其作品成败、优劣的最关键因素，因而“以人论艺”的思想使文人人品成为艺术评判的主要标准。这种人品不仅局限于儒家注重完善自身言行、涵养君子的完美人格，还突出了文人清高、雅致的思想情调和举世高标的人文精神，是学识、智慧、道德、修养、才能、品格等因素的和谐统一。比如吴历所说：“古人能文，不求荐举。善画，不求知赏。曰：文以达吾心，画以适吾意。草衣藿食，不肯向人。盖王公贵戚，无能招使。知其不可荣辱也。”

古代文人的人品包含着极强烈的自尊心，面对现实利益的诱惑，选择出身世外的清高、超脱、孤傲，面对世俗权势的压迫以德行抗衡，人品从世俗社会的道德层面上升到“德成而上，艺成而下”的文化层面，表现出古代文人的理想追求和人文主义美学思想。

人的喜怒哀乐与周身的事物相互作用致使很多事物的发生和消灭，认识万物从产生到死亡的现象与规律本身就是求道。通过三家思想来达成人格修养的高境界，也就是求道。在文人思想的形成过程和文人画的发展过程中，儒家思想赋予古代文人根深蒂固的社会责任感，他们一方面积极修身，存君子之志，另一方面在现实生活中屡屡碰壁后，转而选择避世隐居的生活态度，正是倪云林所说的“仆之所谓画者，不过逸笔草草，不求形似，聊以自娱耳”。他们将自己作为人生的主人，战胜自身欲望和外界藩篱，不受道德礼教的约束和绑架，保持独立思考的能力和接受现实的勇气，这种本性高洁、不染泥淖的傲然独立于世，从某种意义上恰恰符合了儒家文化中对于理想君子的定义：以强大的内心与精神力量支撑，做到遗世独立，卓尔不群。文人士大夫的艺术化生活方式，逐渐形成广被播散的文人日常生活审美化的主潮，这正是以迂回而非正面的激进性反抗解构当下社会的合法性，从人的内在心灵方面转向凸显日常生活表象意义的视觉效应方面，表现着人之为人的觉醒历程，积极探索着“何为美好生活”的可能。① 文人这种独立不群、坚持真我的品格外化而成的人文精神，正是文人画与画工画、院体画之区别（图3-11）。

---

① 妥建清：《生活即审美：晚明社会生活美学探蠡》，《哲学动态》2018 年第 8 期，第 111 页。

图 3-11　唐寅　蕉荫清梦图

第二节　古代文人画的审美范式

天人合一是中华民族文化中独特的哲学观，郭象在《庄子注》中说：“天者，自然之谓也。”而胡适认为，“自，即本来，然，即这样”，“自然”就是本来这样，也就是宇宙万物的本来面貌。宇宙万物包括人在内是一个生命整体，人与自然都不是孤立的，人是自然的一部分，因此自然是赖以存在的承载，没有自然就没有人类，这就是古人强调的天道、人道，即天人合一观。①

① 长北：《天人合一——中华传统艺术与文化传统之关系研究》，《美与时代》2010 年第 4 期，第 9 页。

南齐时期的画家谢赫在绘画理论方面也有很深的造诣，他撰写了中国绘画史上的第一部画论——《古画品录》。作为一部品评体的绘画史籍，《古画品录》第一次对绘画做了概括性总结，并依据品评绘画的六条标准对 27 位画家进行了品评，这六条标准即是书中所说的“六法”：一、气韵生动；二、骨法用笔；三、应物象形；四、随类赋彩；五、经营位置；六、传移模写。其中第一条标准，就是气韵生动。

气韵在魏晋时期指的是人物从姿态表情中显示出来的精神气质、情味和韵致，进而指艺术作品中刻画的形象有一种富有生命力的生动韵致，是内在性情和意蕴的外化。气韵借用了中国哲学里面的基本概念“气”。古代的人们认为“气”是天地间万物产生和变化的根本原因，是自然生命包括肉体和精神得以生存的根基。“气韵说”首先产生于魏晋时期的人物品藻，用来评论人物以言行、容貌、姿态体现出的精神风貌，把“气”运用到绘画理论上，尤其是人物画的创作，应该呈现出人物的风骨气质，不仅要表现出对象形貌之美，更应该表现出人物的精神气度。所以绘画理论中的“气韵”更多的是指通过物象形貌的描绘而体现出来的内在生命的流动韵致，来源于宇宙客观存在给人的微妙感受。气韵生动，正是文人通过笔墨描绘自然、传达情感，诠释物象之神、天地之道的最好注解。“六法论”的主旨就是画面形象的生命之神、活力之气，也是东晋画家顾恺之所说的“传神写照”中的“神”——他提倡绘画创作时最要注重表现人物的精神风貌，尤其重视眼神的刻画（图 3-12）。

图 3-12　文徵明　兰亭修禊图

“六法”对后世影响深远，随着山水画和花鸟画的成长兴起，“气韵”这个观念也随之应用于绘画品评。徐复观先生提出，荆浩的《笔法记》中第一次明确地将气韵的观念引进山水画创作：“夫画有六要：一曰气，二曰韵，三曰思，四曰景，五曰笔，六曰墨。”画的六条要素中头两条即是气韵。然后他又进一步解释说：“气者，心随笔运，取象不忒。韵者，隐迹立形，备仪不俗。”与人物画相同，山水画要想气韵生动，须在精神所聚注的地方，重点描绘刻画，而其他无关紧要的精神“散地”，要适当地松散简略。北宋欧阳修在《题盘车图诗》中提出的“画意不画形”的主张，开了宋代尚“神似”之先河：

古画画意不画形，梅诗咏物无隐情。

忘形得意知者寡，不若见诗如见画。

宋代的邓椿在《画继》里也说：“画之为用大矣。盈天地之间者万物，悉皆含毫运思，曲尽其态。而所以能曲尽者，止一法耳。一者何也？曰：传神而已矣。世徒知人之有神，而不知物之有神。……故画法以气韵生动为第一。”

明代董其昌在《画禅室随笔》中说：“读万卷书，行万里路，胸中脱去尘浊，自然丘壑内营，成立鄄鄂。随手写出，皆为山水传神。”认为绘画中的“神”是画家综合知识修养在画面上的反映（图 3-13）。

图 3-13　董其昌　霜树图

文人画家认为，绘画对于山川自然的描写要恰在“似与不似”之间，不仅要真实描摹物象的具体外在，达到“形似”，更

图 3-14　荆浩　春山行旅

重要的是超越一切浮华表象的形似而直触内在蕴含的“本真”，在真正体现了物的自然属性后再融入主观情感，真正得到人的神韵。五代画家荆浩就主张“度物象而取其真”。他在《笔法记》中强调了“真”在表现对象时的重要地位：“似者，得其形，遗其气。真者，气质俱盛。”就是说描摹外在形态只能达到“似”，“真”不是像或者似，而是具备了精神的“自然”，蕴含了万物运行的“理法”，即《庄子·知北游》中所谓的“四时有明法而不议，万物有成理而不说”中的万物之成理、四时之明法。只有遵循了万物运作规律性的理法，才能显现出物象的“神”，而不仅是存形而已（图3-14）。庄子认为，天地有大美而不言，天地之间万物运行的规律性不能单独存在，需要附着具体客观的物象来呈现。而日月星辰、山河湖海、花卉草木、朝阳晚霞、烟雾雨雪等自然之物都蕴含了这个“道”，都是“道”所附着的物象。绘画只有把握住万事万物内在的本真，把握住“道”，才能超越“形似”达到“传神”，从自然的物理属性升华到融合了主观情感的情境。而来自画面的这种整体感受，用一个词来概括，就是气韵生动。

魏晋南北朝时期流行玄学和清谈的社会风尚，社会关注人性与追求精神解放，尤其是文人士大夫在言行上任性怪诞，“越名教而任自然，情不系于所欲”，远离政治，流连诗酒，“以玄对山水”。唐代艺术领域反对六朝旖靡文风、主张重建“汉魏风骨”的思潮，以及中唐时期六祖慧能着重简化归纳的禅道，引导了绘画回归自然的风气。禅宗尊崇“无念为宗，无相为体，无住为本”，以平常心修行顿悟，只在寻常意会心解，便可得其道妙，识得万物乃至世界的本质。故而需要“于善恶事上不滞”，超越实在性的外在世界，打破教条主义的束缚，强调回归、解放人的本性，而这种本性，则是最自然、最原始的佛家境界，即所谓：月印万川，处处皆圆。禅宗思想渗透进文人的世界观，影响了他们对自然、人生和艺术的理解，从而远离喧嚣，贴近林泉，以自我内省代替了刻意经营（图 3-15）。张彦远在《历代名画记》中就把自然

图 3-15　马公显　药山李翱问答图

风格列为绘画的最高标准，以“自然者为上品之上”，认为“画性所贵天然”，而被世人所惊叹的神品只不过是“失于自然而后神”，是达不到自然境界而退而求其次的结果。

宋代理学思想以理为万事万物的本源，格物致知的自然之风更进一步。北宋韩拙在其《山水纯全集》中曾提到绘画山水有华有实：“华有余实为质干也，华为华藻也，质干本乎自然，华藻出乎人事。实为本也，华为末也。自然体也，人事用也。岂可失其本而逐其末，忘其体而执其用。”

宋代文人认为自然规律是由“理”的神秘力量所主宰的，自然才是万事万物的实质，也就是山水本体的实质。绘画中应该“观万物以穷理”，表现自然之本质，切不可舍本逐末，忘体执用。而苏轼作为文人画理论的奠基者，曾作诗“诗画本一律，天工与清新”，大力提倡文艺的清新自然（图 3-16）。

图 3-16　李嵩　花篮图

元代之后，文人的政治使命感的践行相较前朝已大大弱化，其大多只能隐身山林，在闲散平淡的生活中借助艺术形式聊以自娱。这时严谨精细、富贵华丽的画风已不能契合文人内心出尘超世的隐逸心境，平淡天真的画风逐渐引领画坛主导，成为彰显人生意义的表现。尤其是明清两代，画家的个性显露日渐强烈，对于自然的追求，更明显地落在了“情”这一层面（图 3-17）。

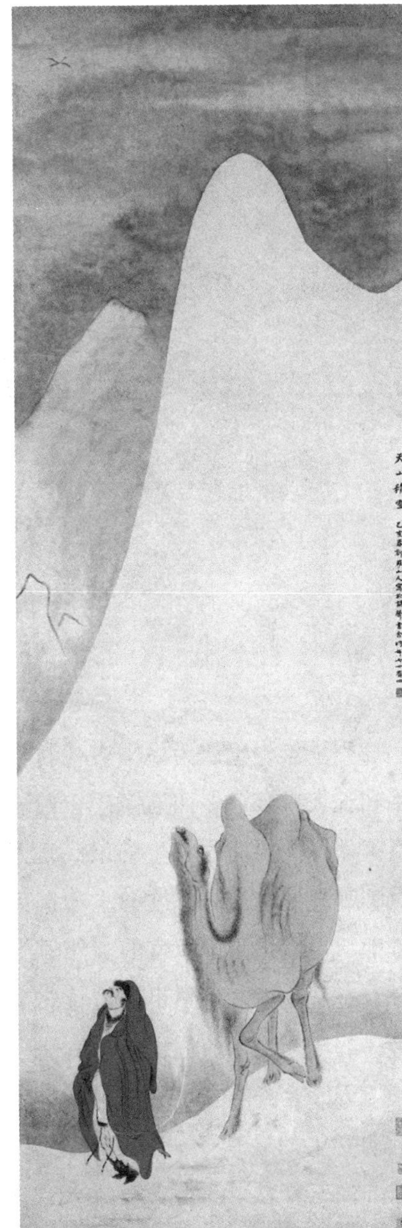

图 3-17 华嵒 天山积雪图

古代文人画家是艺术家与社会之间不契合的象征。他们的选择，是丧失了对实际生活的需要而去创造了一个想象世界。这是文人画家主观心灵的自画像，也是他们徘徊游离在灵魂和外在、梦想和现实之间，调整社会与自我关系的一种尝试。他们对现实的背离是在拒绝和接受、破坏和保存、违背和模仿之间的一种辩证的对抗，是对于现实挑战的两种相反的态度、相悖的行为融合成为一种不可分割的回答过程。[①] 他们试图在艺术里实现价值，从自然中审视自我。在作品所呈现出来的审美理想中，宇宙自然遵循着造化，生命个体诗意地栖居，宇宙自然与生命个体以艺术的方式幻化为一体，最终实现“天人合一”的物我两忘（图 3-18）。

① 刘慧：《解读元代文人画家的主观心灵世界》，《艺术研究》2006 年第 12 期，第 93 页。

图 3-18　夏圭　临流抚琴图

张岱年先生认为中国古代哲学当中天人合一的观念，包含了天人本来合一和天人应该合一两层意思，前一意从本源层面谈论人与自然的关系，后一意是从境界层面谈人生的最高理想。就文人画而言，天人合一也包含了文人对客观自然的描写态度和主动选择物象而进行艺术创作来描写自然本质这两方面，也就是张璪所言的“外师造化，中得心源”。文人画中造化与心源的结合，是从物境之自然走向情境之自然再回归本质之自然的过程，也是对天人合一的境界追求的过程。

天人合一的天，一方面指宇宙自然、客观万物，另一方面也指万事万物运动变化的规律——道，也就是“自然性”。中国传统文化的源流——儒、道、禅三家思想中都含有天人合一的追求。儒家的天性是伦理的天性，道家的天性是自然的天性，禅宗的天性是个体的内心灵性。儒家有“天，仁也”的观念，“天”则是指导人们正常活动、遵循社会规范的道德理想，即是人伦天性之道。所以宋代张载在《正蒙·乾称篇》中说：“儒者则因明致诚，因诚致明，故天人合一，致学而可以成圣，得天而未始遗人。”表现在文人画上，是和谐融通地处理人与人、人与自然的关系，如圣贤、高士、四君子、岁寒三友等题材，体现了儒家理想中的君子之性。道家“人法地，地法天，天法道，道法自然”中的“天”是排除了道德含义的纯粹自然性，而“天”的源头也就是道，则是万物运动变化的总规律。中国本土化的佛教——禅宗强调“天”的心灵性，认为佛性天生赋予，众生平等，万物齐一。文人画表现出来的空灵、静寂等审美特征印证了道禅追求自然本性的方法与途径。通过儒家的天命、道家的坐忘、禅宗的顿悟，文人从“道”与“我”融合一体的状态中生成天地之气，在艺术的世界里人的精神与自然之道浑然天成。儒、道、禅三家对“天”的表述和理解虽不尽相同，但是都强调人与自然本源规律的一致性，追求人与天、人与自然的合二为一、同源共振的境界，最终殊途同归，都走向“天人合一”。正如汉代刘向《说苑·反质》中记载：“孔子卦得贲，意不平，子张问，孔子曰：‘贲，非正色也，是以叹之’，‘吾闻之，丹漆不文，白玉不雕，宝珠不饰。何也？质有余者，不受饰也。’”

儒家学说认为美的最高级别是事物的本色，美的最高境界是保持自然朴素，从而崇尚自然，轻纹饰重本质，提倡语言表达的简洁但看重语言内涵的意蕴。道家认为“道”是世界最原本、最母体的源头，但是却隐于无形，通过客观存在的事物来显现，而自然山川就是显示“道”的方式之一，所以不需要语言表述传达，“天地有大美而不言，四时有明法而不议，万物有成理而不说”，只要通过感官“观于天地”，以“任自然”的方式，与自然保持同构同调，就能体悟“道”的真谛。两者和禅宗中的“物我同化”殊途同归，故而三教合流而形成的文人思想对于“天人合一”在文人画上的实现，则是“深沉静默的与自然太空浑然融化，体合为一，在无形无色的虚空中探得宇宙的源泉与根本，那里有生生不已的创造力”①。

宋明时期，文人画家澄怀观道，多选择以白玄两色来表现自然，追求气韵生动，其作品往往带出了平和、冲淡、空灵的美感来，如园中暗香、炉中薰香、桑田鸡叫，味道、声音、观感都没有强烈的冲击力，虽然微弱却又不甚清晰地恍惚可闻，带来一种清淡浸润的沉静超然之感。故而有学者认为：

① 宗白华：《美学散步》，广西师范大学出版社 2005 年版，第 144—145 页。

“所谓空灵，是指通过空幻朦胧的艺术形象去体现灵而变动的神灵情感，这种空却不是绝对的空，这是可以感觉、可以体会的客观存在。”① （图 3-19）

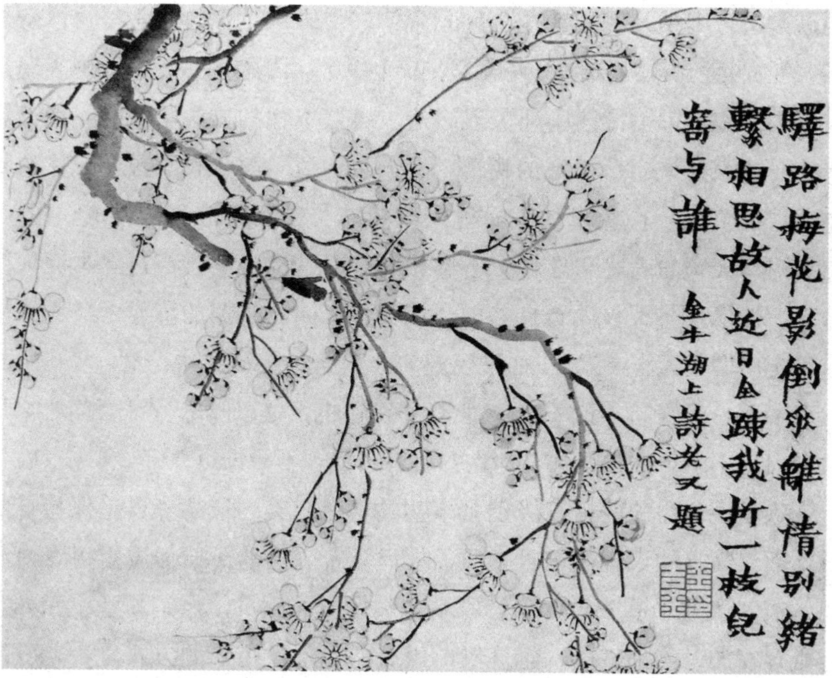

图 3-19　金农　梅影图

王国维在他的文艺批评著作《人间词话》中深入研究了中国古典美学和艺术中特有的“境界”这一范畴，认为境界不仅是创作原则，也是批评标准，有“有我之境”和“无我之境”的分别。他认为，“以我观物”产生“有我之境”，是“于由动之静时得之”，“以物观物”产生“无我之境”，是“人唯于静中得之”，故而一个表现为“宏状”，一个表现为“优美”。王国维所说的“以我观物”，主客观还存在着某种程度的对立，比如“泪眼问花花不语，乱红飞过秋千去”“无可奈何花落去，似曾相识燕归来”，虽然凝神观照的过程中客体已经融入了主观情感色彩而具有主体人格的某些特征，却未达到同一

---

① 林木：《论文人画》，上海人民美术出版社 1987 年版，第 88 页。

的境界，所以“相看两不厌，唯有敬亭山”中山水作为审美对象，只是反映了主观的内心情趣。而“以物观物”却是在“以我观物”的基础上更进一步，我与物在交流过程中已经达到同一，如同庄周梦蝶，已分不清何者为物、何者为我，换句话说我就是物，物也是我，“采菊东篱下，悠然见南山”“木末芙蓉花，纷纷开且落”，在静谧的永恒自然存在中升华到造物生生不息的哲学意味层，万物皆着我之色彩，我化为自然的万物之一。而之所以着我色彩，正是因为情之不知所起，一往情深，直觉的感情体验超越了理性分析。我化为万物之一，是契合了天地造化运行的节奏，以物观物，生发的自然本性，也就是发之于人类内心感悟的真性情，是儒家的赤子之心、道家的返璞归真、禅宗的见性成佛。在人性觉醒的魏晋南北朝时期，文人士大夫受来源于老庄思想的玄学影响，以内省式的清谈论道，使艺术从最初的实用功能、教化功能中独立，成为他们化解人世艰难、生命苦难的重要方式。唐代禅宗思想，认为“识自心内善知识，即得解脱”，开悟人们“随缘消旧业，任运着衣裳”，不要为外物所困，只有随缘任运地面对本心才是真实的，是“纯任本然”。于是影响后世的宋元文人更加关注自己内心，“写意”逐渐成为文人画的精神要旨，从为物传神而递进至对内心的关注。北宋画论家郭若虚在《图画见闻志》中有精辟的论述，他说：“凡画，气韵本乎游心，神彩生于用笔”“得自天机，出于灵府”，强调了文人画家的主观情感表现（图 3-20）。

图 3-20　黄慎　东坡玩砚图

图 3-21 陆治 种菊图

中国古代哲学中的“道”是艺术创作的本源。其中既有中和与悲悯的儒家源流，有虚静与空灵的道家法则，也有淡泊超越的禅宗妙悟。[1] 而“道”所遵循的“自然”，既是宇宙万物的客观存在，也是指人类的天然本真。所以文人画所求之“道”，是在自然之“道”的指引下，石涛笔下“山川脱胎于予也，予脱胎于山川也”的境界，是个体澄怀观象融化于自然，透过墨彩晕染和点描勾皴，传承亘古不变的人性美好，值得珍惜的善良勇敢、坚韧正直、忠义诚信、通达洒脱与浪漫温情，具象为艺术作品为人类所铭记，于是那些也许正在离人类远去的人性显现在生活明亮的光环里。回望艺术的发展历史，带有批判和否定倾向的艺术表现为对立抗争或高蹈超迈这两种形态。古代文人画家以高蹈超迈的精神，向艺术中探寻真谛和意义，表达对现实世界的失望和对生命的敬畏。他们参照自然、参悟生命，在清风明月、一片圆融的绘画世界里，实现了人生的艺术化（图 3-21）。

总而言之，在古代文人的世界里，审美活动作为一种日常现象，实现了生活的本质，即是说审美活动一方面连接了生活，一方面连接了艺术。“美的活动介于日常生活与非日常生活之间，并在二者之间形成了一种必要的张力。就本原意义而言，美的活动就是‘本真生活’

---

① 杨帆：《澄怀味道 妙造自然——论文人画审美观念的超越性》，《学术界》2012 年第 7 期，第 175 页。

的一种原发状态。”①

从魏晋时期的艺术作品以及《世说新语》《晋书》等魏晋文人的书法札记中，可以窥得魏晋时代的风貌，那是鲁迅所称的“自觉时代”，也是冯友兰所称的“风流自赏”的时代。魏晋时代的文人士大夫通过清谈玄理、人物品藻、饮酒服药等途径追求自由的精神、热烈的情感、优雅风流的审美情趣，以高度艺术化和深度审美化的生活构建丰富的精神世界，完成人生的意义。他们挣脱礼教束缚，追求真我本性，对宇宙人生一往情深，被后人誉为“魏晋风流”或“魏晋风度”。“风流”一词的本意与人并无关联，“但它似乎暗示了有些人放浪形骸、自由自在的一种生活风格”。结合魏晋时期的社会背景，“一个人超越事物差别之后，得以不再依循别人的意旨生活，而率性任情地过自己的生活（‘弃彼任我’）。这种思想和生活方式乃是中国古人称为‘风流’的实质”②。“魏晋风流”有四个条件，即有玄心、有洞见、有妙赏、有深情。③ 所谓“玄心”可以说是心灵的超越感；所谓“洞见”，就是不借推理、专凭直觉而得来的真知灼见；所谓“妙赏”就是深切精妙的审美能力；所谓“深情”，指真正风流的文人对于万事万物、宇宙人生都产生一种深厚的同情。这说明魏晋时期的士人能将整个宇宙人生化为自己的“生活世界”，并且能以审美的心态面对这个生活的世界。《晋书·谢安传》中记载谢安“及登台辅，期丧不废乐。王坦之书喻之，不从，衣冠效之，遂以成俗。又于土山营墅，楼馆林竹甚盛，每携中外子侄往来游集，肴馔亦屡费百金，世颇以此讥焉，而安殊不以屑意。”《晋书·王羲之传》记载王羲之“既去官，与东土人士尽山水之游，弋钓为娱。又与道士许迈共修服食，采药石不远千里，遍游东中诸郡，穷诸名山，泛沧海，叹曰：‘我卒当以乐死’”。魏晋士人“从来没有把人的生活仅仅作为人的自然的或世俗的日常活动，而是使生活本身成为诗意的存在”。因此，《世说新语》文本所记载的“魏晋风流”，在一定意义上彰显了魏晋士人的生活美学观，昭示了现代人所向往的“生活审美化”和“审

① 刘悦笛：《日常生活审美化与审美日常生活化——试论“生活美学”何以可能》，《哲学研究》2005年第1期，第111页。

② 冯友兰：《中国哲学简史》，赵复三译，新世界出版社2004年版，第239页。

③ 冯友兰：《论风流》，《三松堂全集》第5卷，河北人民出版社2001年版，第315页。

美生活化”的双重价值诉求。①

《世说新语》是南朝宋刘义庆所撰写的文言志人小说集，是魏晋南北朝时期“笔记小说”的代表作，主要记载了东汉末年到东晋末年二百多年间士族阶层的逸闻琐事。全书分门别类地表现了士族名流的思想、性情、生活、交往的各个侧面，并反映了魏晋时期的社会政治、历史、道德、哲学、艺术和审美等诸多方面的基本特质，以及遵循内心而不是迎合潮流的思想理念和生活方式。书中所载均属历史上实有的人物，但他们的言论或故事则有一部分出于传闻，不都符合史实，从中可以看出作者对魏晋风流的喜好和社会各层人士对魏晋风流的追慕。明代胡应麟说：“读其语言，晋人面目气韵，恍然生动，而简约玄澹，真致不穷。”鲁迅称《世说新语》为“一部名士底（的）教科书”。

明代以前，文人在自我品性修养和审美活动中超越世俗的功利性和物质本身的实用价值，更为强调精神，所谓不役于物。其审美经验大多来自明心见性的修炼体悟，反映在明代就是对于颐养心神的重视。明代文人认为养神是主体自觉将性情调适为不偏不倚、淡泊恬静的安乐状态和随遇而安、知足安命的无为情绪，也就是李渔在《闲情偶寄》中所说的：“哀不至伤，乐不至淫，怒不至于欲触，忧不至于欲绝。”明代文人的心神颐养除了融入尊生，还与审美活动结合，将对于器物的燕闲清赏作为精神慰藉，因而“养神”不再是精神层面活动，带有了物化之后的物质性、生活化色彩，而营造了超尘绝俗、心安神宁的意境，超越了物本身的现实性与功用性。对“生”之尊崇是促成晚明生活美学不断朝生命的和谐均衡状态努力的内在动力，进而将晚明文人的生活美学提升至生命美学的高度。② 明代文人在特定的时代背景下通过对身心安乐的安顿，实现了审美的终极理想。他们借感官享受调和了物质与精神的关系，以一种全新的方式延续了古典美学中的“问道”的超越性。正是袁宏道所说：“嵇康之锻也，武子之马也，陆羽之茶也，米颠之石也，云林

① 张泽鸿：《从〈世说新语〉旷观魏晋士人的生活美学》，《文艺评论》2014 年第 2 期，第 84 页。

② 曾婷婷：《“生”：晚明文人生活美学的精神旨归》，《山西师大学报》2014 年第 7 期，第 64 页。

之洁也，皆以僻而寄其磊块隽逸之气者也。”① 精神的寄托抒发了现实的郁结，通过感官的沉溺进入到忘我的物我交融之境，实现让生命超拔于世俗世界之上的生命理想，进而来寄托、承载生命价值、意义，深刻反映了古代文人一以贯之的对生命本真意义的执着追寻（图 3-22）。

图 3-22　文徵明　东园图（局部）

古代文人虽然向往自然山水之乐，却不因此否定真实的人性与世俗的情感。他们在隐匿超脱的生活中充溢着人性的魅力与人情的温暖，不矫情做作，也不刻意压抑，生死离别，悲欢离合，个人的孤独，对亲友的思念，对家国的忠诚，都融入生命的一朝一夕、生活的一哭一笑。他们的隐不仅仅是身体的隐，还是心灵的隐，有着至真性情的表达，也有彻悟人生世相的欢喜，是面对矛盾冲突刚毅果敢地调适自我，在生活中将自己的人格涵养成一首清风霁月般的诗，散发出熠熠生辉的冲和平淡。他们把对生命的极致热爱用最率真的形式表现出来，将真实的悲欣交集凝练成质朴精妙的诗，绘成了超逸高古的画，每一句、每一笔都含有冥忘物我、和气周流的妙谛，纯然一片天机，到艺术之极境而使人忘其为艺术。文人的艺术既有人世间情深义重的绮腴，也有看破红尘之后的平淡，两者的融合幻化是艺术的最高境界，也是人格的最高境界。

① 袁宏道：《袁宏道集笺校》，钱伯诚校注，上海古籍出版社 2008 年版，第 826 页。

文人因为情趣而走向艺术，艺术因为呈现了情趣而映合人生，有距离而没有隔阂的艺术和人生因为情趣而调和成一体，人生是艺术化的人生、审美化的人生，是情趣与意象妙合而成的意境最高理想的体现。《大智度论・释初品大慈大悲》（卷二十七）云：“大慈，与一切众生乐，大悲，拔一切众生苦。”透过文人的生命历程理解人生的艺术，只有具有对人间万物最深广真挚的悲悯之情和对宇宙世相最透彻完整的观照了悟，才能超越生死的分界、红尘的牵绊，达到痛定思痛后的静穆圆满。所以古代文人的思想中除了有儒家的中正平和、道家的飘逸空灵、禅宗的顿悟圆融，还融化了自屈原起始流传下来的楚文化中最深广浓郁的真情至性。包含了极端悲喜的最崇高的人格境界，涵化为艺术的那一刻，文人的人生顷刻化为艺术本身。既有在热烈的情感中体味人生和创造艺术，“念天地之悠悠，独怆然而涕下”，也有在静穆的沉静中品味艺术和回味人生，“落花流水春去也，天上人间”。在充满生命精神的律动节奏中走向平静深邃的心灵宇宙，从艺术人生走向人生艺术，艺术与人生成为一个由动到静的同一过程，最终到达人类诗意的栖居地，那是它们的共同目的和归宿，是人类的自由乐园，也是哲学建构的最终指向（图 3-23）。

图 3-23　佚名　深堂琴趣图

第四章　古代文人画所践行的生活美学理论代表性著作分析

《美学与艺术批评》杂志主编苏珊·菲金提出了生活美学与中国传统文化的密切源流关系："今天美学与艺术领域的一个主要发展趋势是美学与生活的重新结合。在我看来，这个发展趋势似乎更接近于东方传统，因为中国文化里面人们的审美趣味是与人生理解、日常生活结合一体的。"① 在中国古代文人那里，审美本就是生活的重要组成部分。他们通过独处或雅集的形式，自觉地以审美维度观照现实，开展花艺、茶道、品酒、赏石、造园、焚香、家居设计、古玩鉴藏等丰富多彩的日常生活审美实践，在日常生活中实现精神的升华，创化出自由的诗意人生。古代文人画所践行的生活美学理论在《长物志》《闲情偶寄》《园冶》《洛阳名园记》《遵生八笺》《瓶花谱》《煮泉小品》等一些著述中有所体现。本章从宏观视角出发，在这些论述中提炼和阐释富有价值与启发的精髓，进而构建中国古典生活美学体系。

---

① 刘悦笛、李修建：《当代中国美学研究（1949—2009）》，中国社会科学出版社 2011 年版，第 130 页。

第一节 《长物志》

《长物志》由明代文震亨所著。文震亨，字启美，号木鸡生，是明四家之一文徵明的曾孙。文氏一族是明代时期苏州的名门望族，在艺文传统方面颇有家学渊源。文震亨受家风熏染，自身也颇负才情，对琴棋书画、焚香饮馔、服饰器用、造园布景等领域都有一定的涵养见识，他与众多文人结交，以苏州为中心，于南京、杭州等地开展文艺活动。1621 年，他完成了代表明代社会文雅生活和审美品位的《长物志》的编写。《长物志》一共十二卷，分别是《室庐》《花木》《水石》《禽鱼》《书画》《几榻》《器具》《位置》《衣饰》《舟车》《蔬果》《香茗》，从各个层面体现了当时文人阶层的审美态度和生活美学方式。书中对于园林的营造、器物的选择摆放等言论很有逻辑性，也具有收藏理论价值。"作为长洲文氏文化世家的最后一个殿军人物，文震亨确实比同时代的其他人更有资格写出《长物志》这一类的书来，可以看作是他将家族文化在另一层面上的总结。"①

"长物"一词的典故来源于魏晋时期。《世说新语·德行》中记载了这样一个故事："王恭从会稽还，王大看之。见其坐六尺簟，因语恭：'卿东来，故应有此物，可以一领及我。'恭无言。大去后，即举所坐者送之。既无余席，便坐荐上。后大闻之，甚惊，曰：'吾本谓卿多，故求耳。'对曰：'丈人不悉恭，恭作人无长物。'"

王恭出身名门，是东晋时期有名的士大夫、当时孝定武皇后的兄长，少年时期即得世人称赞"清操过人"，晚唐诗人孙元晏形容他"春风濯濯柳容仪，鹤氅神情举世推"。他说自己"无长物"，就是没有多余的身外之物或者不被身外之物所拘役的意思。明代宋诩在他的《宋氏家规部》中有"长物簿"一章，重新阐释了"长物"的内涵："凡天地间奇物随时地所产、神秀所钟，

① 刘廷乾：《江苏明代作家研究》，东南大学出版社 2010 年版，第 272 页。

或古有而今无，或今有而古无，不能尽知见之也。”

而后“长物”的范围中，不仅包括了木、草、竹、窑，还有金、玉、珍珠、玛瑙、珊瑚等，这里的“长物”，虽然还是“身外之物”，但也不是普通之物了。

明代沈春泽在为《长物志》所作的序中说：“夫标榜林壑，品题酒茗，收藏位置图史、杯铛之属，于世为闲事，于身为长物，而品人者，于此观韵焉，才与情焉，何也？挹古今清华美妙之气于耳目之前，供我呼吸；罗天地琐杂碎细之物于几席之上，听我指挥；挟日用寒不可衣、饥不可食之器，尊瑜拱璧，享轻千金，以寄我之慷慨不平，非有真韵、真才与真情以胜之，其调弗同也。”①

对平常人来说的琐碎杂细的东西，不能挡饿遮寒，是多余之物，对于一些文人却是愿以千金交换的珍贵之物，因为这些东西才能看出一个人是否真正具有韵、才、情。不能识得这些事物的真正价值，也就不能驾驭它们。因此，《长物志》中所写之物，看似闲事余物，却处处可见作者所代表的中国古代文人的韵味才情。

《长物志》在明代出现与当时的历史背景和社会发展状况密不可分。17世纪的中国是一个十分有意思的时期。明代经过初期的休养生息，中期经济发展迅速，物质丰富，助长了当时的奢靡之风。苏州是当时最为发达繁荣的经济文化中心：“苏州是文化的生产地……书籍被大量制作出来。它既以私人园林闻名于世，又因书法、绘画而声名广播。在苏州，初级的时尚体系已经开始运转……”② 文人的风雅生活成了社会风尚。清代校阅《长物志》的学者伍绍棠指出：“有明中叶，天下承平，士大夫以儒雅相尚，若评书品画，瀹茗焚香，弹琴选石等事，无一不精，而当时骚人墨客，亦皆工鉴别，善品题，玉敦珠盘，辉映坛坫。”

明代文人重情尚趣进而以趣观物，使日常生活中一些原本稀松平常之物

① 陈植校注：《长物志校注》，江苏科学技术出版社1984年版，第10页。

② ［美］孙康宜主编：《剑桥中国文学史（下卷）1375—1949》，刘倩等译，生活·读书·新知三联书店2013年版，第90页。

都具有了独特鲜活的情味和情调，从而获得了丰富的美感。他们将这些审美感受和审美经验记录下来，成为书写生活美学的风潮。文震亨以审美的胸襟拥抱生活，平常琐碎的日常生活在审美的观照下，升华为一种文人的生活方式和审美意识。《长物志》创造性地发展了唐代的“意境”理论，并将其运用到生活中。首先是对自然的崇尚，体现在将自然元素引入到生活中，也体现在对日常所用之物的自然设计摆放，摒除矫揉造作的人为之气。

明代文人向往自然，许多文人都在生活环境的营造过程中引入自然元素，换句话说也就是将自然山水园居化，以实现足不出户就能感受到自然山林的盎然生机，随时生发审美情趣。虽然文震亨认为山水之间、山村、城郊和城市这四种居住地点之中，山水之间最为理想，但是就现实生活来说，创造一种“门庭雅洁，室庐清靓”“种佳木怪箨，陈金石图书”的自然佳境，更能“以涵纳自然万象、总括宇宙大化之效感发居住者高远的心境，达成其心性的舒展与超越”①。自然界中的水、石和各种植物巧妙搭配布局，甚至加入各种动物，以建构起完整的生态文化系统，传达出与自然相同的韵律节奏，引导个体融入无限的浩渺宇宙（图 4-1）。

图 4-1　文徵明　真赏斋图

“石令人古，水令人远，园林水石，最不可无。要须回环峭拔，安插得

① 田军：《〈长物志〉的生活美学研究》，华东师范大学 2014 年博士毕业论文，第 45 页。

宜。一峰则太华千寻，一勺则江湖万里。又须修竹、老木、怪藤、丑树，交覆角立，苍崖碧涧，奔泉汛流，如入深岩绝壑之中，乃为名区胜地。”①

以小见大、虚实相间的艺术手法生发出壶中见天地、芥子纳须弥的“象外之象”畅游之感。同时，《长物志》还关注到了室内情景营造与室外园林设计的统一，形成了一种体系化的生活美学经验。

同园林居室一致的是《长物志》中对于生活日用品的自然、古朴、文雅理念。“宁古无时，宁朴无巧，宁俭无俗”② 折射的正是古代文人对人的自然本真的追求与认同。文震亨认为使用自然原材料能直接表现出自然不经人工雕琢的质感，同时认同简洁朴素的装饰理念，即宗白华提出的“初发芙蓉，自然可爱”的审美风格（图 4-2）。

图 4-2　陆治　半窗浓绿出生处

《长物志》虽是日常生活的勾勒描绘，却以文人风雅别致的审美理想为核心，构建了有文人特质的生活情境，物的种类、式样、数量都符合古代文人的审美趣味，或引入

① 陈植校注：《长物志校注》卷三《水石》，江苏科学技术出版社 1984 年版，第 102 页。

② 陈植校注：《长物志校注》卷一《室庐海论》，江苏科学技术出版社 1984 年版，第 37 页。

艺术元素或追慕先贤古人。例如："云林清秘，高梧古石中，仅一几一榻，令人想见其风致，真令神骨俱冷。故韵士所居，入门便有一种高雅绝俗之趣。若使堂前养鸡牧豕，而后庭侈言浇花洗石，政不如凝尘满案，环堵四壁，犹有一种萧寂气味耳。"①

这里所尊崇的倪云林的生活情境，正是文人审美观照与环境氛围的互渗与互成。在文人审美态度的观照下，对物的功能基础之上又对外部的造型、纹饰、风格等形式因素方面延展了它的审美性，比如对于几榻，既要"坐卧依凭"得舒适，又要"古雅可爱"（图 4-3、图 4-4）。

图 4-3　钱榖　求志园图（局部）

相对于物"理"，古代文人更注重对物的"品"，也就是鉴赏。"士大夫闲居无事……居处则园林池馆，泉石花药。鉴赏则法书名画，钟鼎彝器。"② 而"品赏"也有特定要求，比如品赏书画，就"须以净水涤手""不可以指甲剔损""灯下不可看画"，更不能"舒卷不得法"。

在《长物志》中，文震亨在文人主体的审美经验的基础之上，还将生活美学引向了天人感应、天人相通的中国传统哲学思辨。文人在日常生活中融

① 陈植校注：《长物志校注》卷十《位置》，江苏科学技术出版社 1984 年版，第 347 页。

② ［清］钱谦益：《牧斋初学集》卷七八《瞿少潜哀辞》，上海古籍出版社 1985 年版，第 1690 页。

图 4-4　钱穀　求志园图（局部）

情于物、寓意于物，在人与物之间建立起和谐适然的审美关系，将“物”之感突破现实生活的有限，进入自由的审美之域，与此同时，“物”也被赋予了人格与情感，成为一种可与产生共鸣与共情的对象性存在。①

文震亨在《长物志》中构建了一个理想的生活情境，也构建了一个理想的文人生活美学体系。他既延续了千百年来中国文人的隐逸精神，在喧嚣的现实世界中营造了一个能够保持文人淡泊宁静的心境之所，也传承了古代文人为国为民的品性和气节。表面上看这是“入世”和“出世”的游移矛盾，实际上也反映了两者在中国传统文化本质上的同一性以及由此而产生的调和。在特定时期，这种对立统一的思想精神外化成为“静”与“闲”的生活态度，甚至撰写《长物志》本身也成为他文人生活美学的一部分了（图 4-5、图 4-6）。

① 田军：《〈长物志〉的生活美学研究》，华东师范大学 2014 年博士毕业论文，第 45 页。

图 4-5　孙克弘　销间清课图（局部）

图 4-6　孙克弘　销间清课图（局部）

第二节　《闲情偶寄》

明末清初的李渔，号笠翁，既是文学家、戏剧家，也是著名的美学家，被后世誉为“中国戏剧理论始祖”。他一生著述丰富，除了《闲情偶寄》外，还著有《笠翁十种曲》《无声戏》《十二楼》《笠翁一家言》等。他在艺术评论领域也颇有建树，批阅了《三国志》《金瓶梅》，是中国文化史上一位不可多得的艺术奇才。

作为李渔的代表作，《闲情偶寄》是一部关于养生学的经典著作，共包括《词曲部》《演习部》《声容部》《居室部》《器玩部》《饮馔部》《种植部》《颐养部》八篇，论述了戏曲、歌舞、服饰、修容、园林、建筑、花卉、器玩、颐养、饮食等艺术和生活中的各种现象，内容极为丰富。它的价值不仅仅是分类编撰，李渔在其中发表的诸多关于生活美学的思想观点，于今日看来，仍十分有益。

受到明末思想解放的影响，李渔更倾向于王阳明的“心学”，以外在不同于传统儒学的、普通人认为的异端思想表达着对“天理”的反抗和个体感性的追求。同时从社会发展阶段来说，明代经济的繁荣、商业的发达催生了市民社会中日常世俗人情艺术形式的兴起，这也正契合了李渔的艺术理念，他认为“话则本之街谈巷议，事则取其直说明言”①，即是说艺术要围绕着世俗生活展开，要贴近百姓，展现人的感性快乐和精神享受。基于这样的时代背景和创作理念，李渔在《闲情偶寄》中构建了一个生活美学的乐园。林语堂曾评价李渔《闲情偶寄》一书是“中国人生活艺术的指南”，“充分显出中国人的基本精神”。而李渔的美学观是通过“哲学上的感性追求借新的文艺形式演进到生活之中的全面审美，开出了绚烂的生活美学之花。这朵绚烂之花从生活出发、从人情立论，对鲜活的生活样态进行提炼，让宋代以来的文化转

---

① ［清］李渔：《李渔全集》（第三卷），浙江古籍出版社 1991 年版，第 17 页。

型中的新领域得到了一个体系性的总结”①。

虽然李渔的生活美学以感性愉悦为基础，但并非仅仅单纯地追求感官刺激，而是融合了感性与理性的适度的审美愉悦，从另一个意义上说，也就是在俗与雅之间追求平衡。他说食物之美在于清淡洁净，保留食物原有的自然之味，“论蔬食之美者，曰清，曰洁，曰芳馥，曰松脆而已矣。不知其至美所在，能居肉食之上者，只在一字之鲜”②；说饮酒之美在于氛围的呼应，“不好酒而好客；不好食而好谈；不好长夜之欢，而好与明月相随而不忍别……”③；说睡眠之美在于具有设计之美的床帐所带来的美妙梦境，“身非身也，蝶也，飞眠宿食尽在花间；人非人也，仙也，行起坐卧无非乐境”④。即使是论述衣食住行，李渔还是保留着传统文人的风骨与品位。

对于个体的“人”的审美观念，李渔更关注女性之美。他认为女性的外形包括体态、衣饰等方面都应归结于自然天成的气质神韵：女性的形态之美最为重要的是“媚态”，因为媚态“之在人身，犹火之有焰，灯之有光，珠贝金银之有宝色，是无形之物，非有形之物也”，自然天成的媚态“能使美者愈美，艳者愈艳，且能使老者少而媸者妍，无情之事变为有情，使人暗受笼络而不觉者”。⑤ 而外在的衣饰妆容，都要与人的形态、气度、环境相吻合，不宜过度，否则会“但见金而不见人” “人饰珠翠宝玉，非以珠翠宝玉饰人也”，⑥ 就是说没有达到以珠宝饰品装饰人的效果，反而使人变成了展示珠宝饰品的工具。女性还应注重内在气质的修炼，通过学习文学、歌舞、器乐等技艺以变化性情，才有可能营造“花前月下，美景良辰，值水阁之生凉，遇绣窗之无事，或夫唱而妻和，或女操而男听，或两声齐发，韵不参差……”⑦的和美生活之境。

---

① 贺志朴：《李渔的生活美学思想》，《河北大学学报》（哲学社会科学版）2013 年第 5 期，第 41 页。

② ［清］李渔：《李渔全集》（第三卷），浙江古籍出版社 1991 年版，第 235—236 页。

③ ［清］李渔：《李渔全集》（第三卷），浙江古籍出版社 1991 年版，第 327 页。

④ ［清］李渔：《李渔全集》（第三卷），浙江古籍出版社 1991 年版，第 209 页。

⑤ ［清］李渔：《李渔全集》（第三卷），浙江古籍出版社 1991 年版，第 115 页。

⑥ ［清］李渔：《李渔全集》（第三卷），浙江古籍出版社 1991 年版，第 129 页。

⑦ ［清］李渔：《李渔全集》（第三卷），浙江古籍出版社 1991 年版，第 148 页。

此外，李渔还在《居室部》中阐述了家居环境的设计审美理念。首先，房舍整体规格设计要与人相称，不能过高过广或过矮过小，否则就会影响人在其中的感受。其次，园林设计也以适宜为前提，适宜就是自然而得体，真实而不突兀，是一种“物”与“人”两相愉悦的自得状态，即是“我见青山多妩媚，料青山、见我应如是”。园林设计中应多造土石山，多植花草树木，以达到空间间隔的效果，从而营造园林的层次感，摆脱单调的视觉感受。再巧妙运用各式窗栏，以达到“借景”的艺术效果。最终综合房舍、窗栏、联匾、墙壁、山石、花草、树木等要素，构成“人在画中游”的和谐融通的生活美学图景。比如他描绘人在船中透过船身上的窗户所观赏到的景色，即是中国画中移步异景的美妙感受。船中人还可与他人产生互动，审美主体的身份即由欣赏者转为创造者：

是船之左右，止有二便面，便面之外，无他物矣。坐于其中，则两岸之湖光山色、寺观浮屠、云烟竹树，以及往来之樵人牧竖、醉翁游女，连人带马，尽入便面之中，作我天然图画。且又时时变幻，不为一定之形。非特舟行之际，摇一橹，变一像，撑一篙，换一景，即系缆时，风摇水动，亦刻刻异形。是一日之内，现出百千万幅佳山佳水，总以便面收之。……此窗不但娱己，兼可娱人。不特以舟外无穷之景色摄入舟中，兼可以舟中所有之人物，并一切几席杯盘射出窗外，以备来往游人之玩赏。何也？以内视外，固是一幅理面山水；而以外视内，亦是一幅扇头人物。譬如拉妓邀僧，呼朋聚友，与之弹棋观画，分韵拈毫，或饮或歌，任眠任起，自外观之，无一不同绘事。同一物也，同一事也，此窗未设以前，仅作事物观；一有此窗，则不烦指点，人人俱作画图观矣。[①]（图 4-7）

《闲情偶寄》囊括了戏曲创作、妆饰美容、园林建筑、饮食烹饪、种植草木、居室设计等日常生活的众多方面，是李渔艺术理念和审美观念的汇总。他试图透过典雅古朴的滤镜关注生活，在喧嚣的世俗生活中寻找“诗意的栖居”和审美化的“此在”人生——“若能实具一段闲情，一双慧眼，则过目

① ［清］李渔：《闲情偶寄》卷四，单锦珩点校，浙江古籍出版社 2010 年版，第 170 页。

图 4-7 （传）张择端 金明池争标图

之物，尽在画图，入耳之声，无非诗料”①，引导中国传统美学从单纯的精神慰藉，转向浸透古代文人深情的现实世界。他在《闲情偶寄》中营造了一个个充满烟火气息却又折射文人情趣的审美境界，把对古代文人完美人格的追求投射到了“物”的审美，“物”由于人的思想与情感而被赋予了主体化特征，在与“我”的合一中生成、展现审美意象，从而实现了将形而下升华为

① ［清］李渔：《李渔全集》（第三卷），浙江古籍出版社 1991 年版，第 177 页。

形而上的不朽。以物理谈精神自由，从物性见心灵归属，凝练成日常生活与审美艺术的融合，闪烁着中国古老文明“顺势而为、顺性而为”的自得智慧，以求得返璞归真的天地无言大美。

在这样的理想境界中，“美与生活成了一种对话关系，现实生活处处流动着宇宙生生不息的气息，成为美的本质性规定，而人与自然就在这种‘俱道适往，着手成春’（司空图《二十四诗品》）的流动中相通相生，体现了‘天人合一’的生态美意蕴”①（图 4-8）。

图 4-8　赵伯骕　风檐展卷图

① 蒋继华：《主体间性视域中的李渔生态美学思想》，《文艺评论》2012 年第 6 期，第 47 页。

第三节 《园冶》《洛阳名园记》

中国古代建筑的集大成之作《园冶》是明代杰出的造园家计成所作。计成，字无否，号否道人，松陵人氏。根据《园冶自序》和阮大铖《园冶冶叙》记载，计成少年时即以绘画扬名，最喜欢以五代画家关仝、荆浩为师。计成的前半生以学习、绘画和旅游为主，游历甚广，早年“游燕及楚”，博学多才，及至“中岁归吴”，定居江苏润州（今天的镇江），一次偶然的机会，因受人之托尝试掇山，结果大受称赞。计成所造的第一座园林，是为慕名而来的常州布政使吴又于建造的东第园。由于地形有限，仅有 15 亩，除去住宅 10 亩，仅剩余 5 亩用于造园。他因地制宜，模仿司马光的独乐园，园中虽“片山斗室”，却处处“宛若画意”“想出意外”，使得吴又于十分赞赏：“从进而出，计步仅四百，自得谓江南之胜，惟吾独收矣。”自此，计成声名远播，成为当时首屈一指的造园师，开启了后半生的造园之旅。他为许多知名人士建造园林，如为兵部尚书阮大铖建造了石巢园、为画家郑元勋建造了扬州影园，等等。晚年，计成根据造园理论及实践经验著成了传世名作《园冶》。

因有深厚的文化素养和绘画基础，计成善于将山水绘画物化为园林。郑元勋在《园冶题词》中盛赞其造园“从心不从法，为不可及；而更能指挥运斤，使顽者巧、滞者通”“今日之国能，即他日之规矩”，可见其造园造诣颇高，作品受到广泛的肯定。

1631 年《园冶》撰写完毕，1634 年由阮大铖出资刻板印刷，但并没有被世人所肯定。世人推测可能是受阮大铖的名声所累。虽然阮大铖是明朝才华横溢的诗人和戏曲家，陈寅恪先生谓其为“有明一代诗什之佼佼者”，也是历史上著名的政治家，但因毫无气节地投降清朝而声名狼藉。所以《园冶》成书后三百年一直被列为禁书。后经日本美术史家大村西崖纳入了其编著的《东洋美术史》后，被命名为《夺天工》，诸多造园学家才对其进行收藏。据《御书物方日记》载，日本内阁文库藏明版《园冶》全本于 1735 年 4 月传入日本，成为造园艺术的教科书（图 4-9）。19 世纪 30 年代，中国营造学社社长朱启钤补齐《园冶》三卷，对应日本内阁藏书加以校对，并重新刊印。20 世纪二三十年代，《园冶》经造园学家陈植推介，才被学术界及造园者认识到它的宝贵价值。《园冶自叙》中记载，计成为中书令汪士衡筑造寤园，姑苏名家曹元甫赏游，称赞不已，说身在园中，却仿佛在荆浩和关仝的山水画中，云山烟水，美不胜收，并建议原名为《园牧》的造园法式之书改名为《园冶》，并说计成所造园林之精绝奇妙："斯千古未闻见者，何以云'牧'？斯乃君之开辟，改之曰'冶'可矣。"

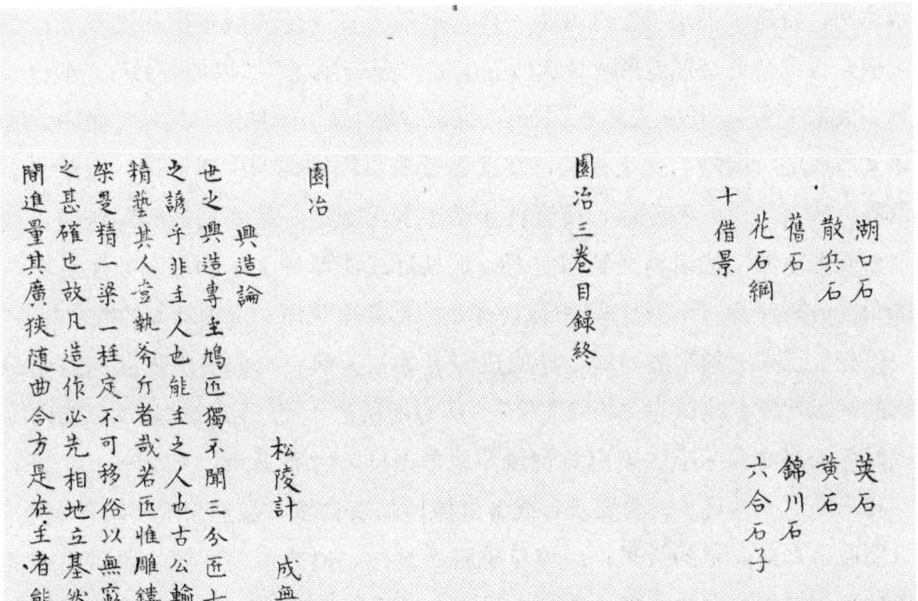
湖口石　英石
散兵石　黄石
舊石　錦川石
花石綱　六合石子
十借景
園冶三卷目録終

園冶
興造論
松陵計　成無否父著
世之興造專主鳩匠獨不聞三分匠七分主人
之諺乎非主人也能主之人也古公輸巧陸雲
精藝其人豈執斧斤者哉若匠惟雕鏤是巧排
架是精一梁一柱定不可移俗以無竅之人呼
之甚確也故凡造作必先相地立基然後定其
間進量其廣狹隨曲合方是在主者能妙於得

图 4-9　《园冶》日本抄本

治者，精造也。《园冶》的出现是明朝社会经济的发展和资本主义萌芽产生的结果，江南造园业的出现和盛行为这一部巨著的诞生也提供了条件。《园冶》一书包括冶叙、题词、自叙、自识、三卷、十三篇等六部分。卷一中的《兴造论》《园说》是全书的总纲，蕴含了《园冶》美学思想的精髓，另包括《相地》《立基》《屋宇》《装折》四篇，配有屋宇梁架、地图、风窗图样，主要关注内外空间的结构布局；卷二《栏杆》，配有各式栏杆图式一百幅，主要是栏杆的基本图式与设计方法；卷三包括《门窗》《墙垣》《铺地》《掇山》《选石》《借景》六篇，配有门窗洞、漏砖墙和铺地图样，分门别类地阐述了园林建造的设计方法以及园林意境营造的核心要素。《兴造论》中记载“予亦恐浸失其源，聊绘式于后，为好事者公焉”。由此可推断，作为绘画艺术造诣颇高的计成作《园冶》初稿之时，应有若干园林景观画稿附于文字之中作为示意图，将造园手法与绘画融为一体。可惜今日流传的版本中都已不见这些画稿，否则会更直观地理解计成所提出的“宛若画意”“以如画妙”“小仿云林、大宗子久”“仿古人笔意”等以“园”喻“画”的见解。另外，用四六骈体文写成的《园冶》文笔秀美，多次提及或引用陶渊明、谢灵运、谢朓、李白等历代著名诗人和作品，或者信手拈来各类典故，从司马迁到陶渊明、从荆浩到苏东坡、从诸葛亮到司空图，足见计成深厚的文学功底。如果从文学的角度分析评价《园冶》，其可以看作是一部辞藻华丽、优美动人的散文集。

相较于人为的精细雕琢，计成造园更主张天然贵真的美学内涵和返璞归真的艺术旨趣。他认为“构园无格”“从心不从法”“法无定法”，不可能用统一具体的法度和标准去规范和衡量。地形多样，物态繁杂，大小不一，如果一味听从主人常规、盲目要求，或者机械地临摹自然，强加于现实条件之上，只能取得哗众取宠的效果；应该尊重自然规律，遵循审美规律，适当地用审美理性指导创造中的联接、重组乃至重构，巧于“因”“借”，灵活地因势利导、因时而变、因人而异，巧借他山之玉，随机构景，随性而为，达到“体精合宜”，既要依据实际环境，使各个因素最大限度地发挥优势特征，妙生机趣，又要考虑到彼此的关联映衬和空间层次递进，达到和谐均衡，充分呈现美感的整体性。正所谓：“窗牖无拘，随宜合用；栏杆信画，因境而成。制式新番，裁除旧套。”① 只有这样才能营造出虽有人作、宛自天开的通达真境。

① ［明］计成：《园冶》，李世葵、刘金鹏编著，中华书局2011年版，第27页。

计成认为造园不仅仅是工匠的技艺之事，而且同绘画艺术创造一样，要“意在笔先”“胸有丘壑”，通过景与景之间的经营关联，以回环之气的山峦、流通之势的水体、隐显之美的花木体现景与人之间的互动与共鸣，是蕴含文人精神、情感的气韵生动之“能主”活动（图 4-10）。

图 4-10　李流芳　唐十八学士

计成在《兴造论》中提出的造园基本法则有二：因与借。他说：“‘因’者：随基势之高下，体形之端正，碍木删桠，泉流石注，互相借资；宜亭斯亭，宜榭斯榭，不妨偏径，顿置婉转，斯谓‘精而合宜’者也。”

“因”即是说因地制宜，依据地形地势地貌的特性构建才能合宜；因时制宜，依据不同季节、不同时间的变化构思园林的整体风貌；因材致用，依据不同材料的不同特性使用在不同的环境中，才能物尽其用。计成的“因”，强调客观的“景”与主观的“人”之间“因缘和合”的融合共通，在中国传统哲学思辨的“因”的指导下，物物活生机趣，物我同构共生，自然天成的意趣油然而生。

“因”不仅是造园方法，也是造园师的思维方式。在这种理念下，计成提出了“借”的手法：“‘借’者：园虽别内外，得景则无拘远近，晴峦耸秀，绀宇凌空；极目所至，俗则屏之，嘉则收之，不分町疃，尽为烟景，斯所谓‘巧而得体’者也。”

“借”即为借景，这种手法在中国古代园林中早已有之。宋代朱长文所写的《吴郡图经读记》记载，五代吴越王之子元璙“好治林圃”，故有“南园之兴”，建构山水亭台“出于巧思……值景而造”。因由造园师“能主”的能动性，“意在笔先”“应时而借”，借也不拘泥于固定之法，有远借、邻借、仰借、俯借等，将四时之中园内外一切自然的景致纳入主体视野，并连通五官，将美好之景摄入：鸟语花香、湖光山色、塔影钟鸣……“因借无由，触情俱是”“顿开尘外想，拟入画中行”，以创造景外之景、象外之象，为营构体精合宜的园林境界拓展了深度和广度。

图 4-11　仇英　抱琴听阮图

遵循“因”的造园理念与“借”的造园手法，造园师才能创造“精而合宜”“巧而得体”的佳作。所谓合就是符合，不违背；宜就是恰当；巧是巧妙灵活；得体就是不能不及也不能过度。园林应从整体上符合客观自然的规律属性，适当地把握与外界其他事物的有机联系。计成的造园理念与实践深受中国古典美学的影响，随景而生境，又不失体宜。他吸收传统造园手法而又不拘泥于此，在旧法中自立新意，“使大地焕颜改观”创造“宛自天开”的幽、雅、闲之意境（图 4-11）。

计成通过文字语言巧妙排

列意象，以呈现出生动的画面质感："意象中的视觉之象，也可称为内心视象，是一种仿佛看得见的'象'，它不仅占有三维空间的立体性，而且可以随时间的发展而变化，是一种存在于四维时空中的形象，完全类似于我们从现实生活中感受到的物象。"① 例如《相地·江湖地》中的"悠悠烟水，澹澹云山，泛泛鱼舟，闲闲鸥鸟"，《相地·山林地》中的"槛逗几番花信，门湾一带溪流"，《借景》中的"风鸦几树夕阳，寒雁数声残月"，《园说》中的"萧寺可以卜邻，梵音到耳；远峰偏宜借景，秀色堪餐"等，视听联通，动静相宜，引人入景，意生景中，一时间主客相契、浑融为一，滋生出古代文人雅致闲适的超然心境。在《园冶》中，计成通过意象形象地展现了中国古代文人的生活美学，例如《借景》中的"看竹溪湾，观鱼濠上"，《园说》中的"养鹿堪游，种鱼可捕"，《立基》中的"编篱种菊，因之陶令当年；锄岭栽梅，可并庾公故迹"等，在语言丰厚的内涵和广阔的外延中，以吟花、品泉、扫云、醉月等审美化的生活细节，表达了对先贤雅士的追慕之情。

艺术作品的意蕴"是比直接显现的形象更为深远的一种东西，是由形象显现出（的）一种内在的生气，情感，灵魂，风骨和精神"②。充溢着文人情怀和胸襟的中国古典园林不仅要开堂修室以可居，还要建亭造台以可望、铺地设廊以可行、掇山理水以可游，有《山林地》中阶前扫云、岭上锄月的归隐之情，有《村庄地》中团团篱落、处处桑麻的田园之乐，有《傍宅地》中家庭侍酒、客集征诗的宴饮之景，有《江湖地》中拍起云流、觞飞霞伫的神游之旅……超越物理意义的物质空间而进入情感与意蕴的审美空间（图4-12）。

中国古代儒家思想中代表中正平和的审美理想的"雅"，贯穿于《园冶》的始终，建筑简朴大方，装饰疏朗雅致，例如栏杆要"信画化而成，减便为雅"，屋宇要"时遵雅朴，古摘端方"，砌路则"堆小乱石砌如榴子者，坚固而雅致"。而营造意境之时要着重体现文人超脱隐逸的高雅品性，例如《立基》中的"寻幽移竹，对景莳花"，《相地·郊野地》中的"似多幽趣，更入深情"，《借景》中的"俯流玩月，坐石品泉""棹兴若过剡曲，扫烹果胜党

① 夏之放：《文学意象论》，汕头大学出版社1993年版，第182页。

② ［德］黑格尔：《美学》（第一卷），商务印书馆1997年版，第25页。

图 4-12　陆治　花溪渔隐图

家”“幽人即韵于松寮，逸士弹琴于篁里”。

《园冶》中还汲取了佛教文化元素，例如提到了许多佛教中的建筑，《园说》中“刹宇隐环窗，仿佛片图小李”的“刹”，“萧寺可以卜邻，梵音到耳”的“萧寺”“梵音”等；引入了许多佛教美术中的图案纹样，例如《门窗图式》中说：“莲瓣、如意、贝叶，斯三式宜供佛所用。”莲瓣是佛教的象征，代表着圣洁，得道者一般就是高座莲花台；如意原是指高僧讲法时代表吉祥的器物；贝叶是可以写佛经的桢树叶，也是佛教的代表。计成将莲瓣、如意、贝叶用作门窗式样或装饰图案，可见佛教文化的影响。佛教传入中国后，与本土文化融合，形成了禅宗。古代文人所追崇的禅宗空灵之美也体现在古典园林的营造中。但这里的“空”，不是空洞、空无一物，而同道家的“虚”有异曲同工之妙，是无穷无尽、虚实互生的空灵，是氤氲的云烟，是流动的气韵，是透明的含蓄，是《园说》中的“移竹当窗，分梨为院；溶溶月色，瑟瑟风声；静扰一榻琴书，动涵半轮秋水”，晕染出空明澄澈的意境，蕴含着《园说》中所说的“清气觉来几席，凡尘顿远襟怀”的自在禅意（图 4-13）。

图 4-13　夏圭　观瀑图

计成在《园冶》中以其文人的艺术品位和审美观念，对古典园林设计做了全面深入的总结，具有极其丰富的美学价值和独到的艺术特色，呈现了中国传统园林的经典审美范式。《园冶》蕴含的传统造园艺术思想，是“师法自然、道法自然”哲学思想的直接体现，是中国传统文化的智慧结晶。

《洛阳名园记》是我国古代另外一部关于园林的重要文献，更为确切地说，它是北宋时期李格非撰写的一部游记。《宋史·李格非传》中记载：“尝著《洛阳名园记》，谓洛阳之盛衰，天下治乱之候也。”《洛阳名园记》是李格非撰写洛阳19处名园的散文，南宋楼昉在《崇古文诀》中谓其文“不过二百字，而其中该括无限盛衰治乱之变，意有含蓄，事存鉴戒，读之令人感叹”。

李格非，字文叔，齐州章丘（今山东省济南章丘）人，北宋著名的文学家，历史上著名女词人李清照的父亲。李清照在《上枢密韩公诗二首》诗序中称“父祖皆出韩公门下”。韩公即是《宋史》中被誉为“蚤有盛名，识量英伟”的博学之士。李格非年幼时聪敏警俊，乐于读书立言，专心著述，诗文俱佳。《宋史·李格非传》说：“格非独用意经学，著《礼记说》至数十万言，遂登进士第。”他后来受到苏轼的赏识，成为苏门“后四学士”之一。

1091年升为太学博士的李格非多次到洛阳，全面了解西京园林。他在魏晋隋唐时期留下的近千处园林中，挑选了最著名的19处（多为官宦文人的私园），如邵雍的宅院园林、富弼的富郑公园，以及李氏仁丰园、董氏西园等。这些园林引活水筑水系，其间多植有各类花卉，尤以牡丹为多，或深邃幽静或明朗开阔，起承转折中透出诗情画意。宋张邦基《墨庄漫录》中描写洛阳牡丹的盛景：“闻于天下，花盛时，太守作万花会，宴集之所，以花为屏帐，至于梁、栋、柱、拱，悉以竹筒贮水簪花钉挂，举目皆花也。”

《洛阳名园记》包括序文和正文两部分，序文由张琰所作，介绍了成书背景以及洛阳园林兴盛的原因。正文包括了李格非亲历所游的名园，并说明了撰写目的是“谓洛阳之盛衰，天下治乱之候也”，表达了他据微知著，力图从政治军事等关乎国家盛衰成败的角度，来以历史真实供今日鉴戒，发出感叹：“公卿士大夫，方进于朝，放乎一己之私。自为而忘天下之治忽，欲退享此乐，得乎？唐之末路是矣。”隐藏着他家国天下的历史观和忧国忧民的人文情怀。

不同于对某一单独园林的记述，李格非的《洛阳名园记》囊括了当时洛阳名园19处，篇幅简约，文字简洁，而且以造园的地理位置、沿革变迁、空间设计、景观设计、园林要素、雅集聚会、意境营造等多方面为中心，在亲自实地调研考察的基础上所著，其中还附有图录，皆是第一手实证资料，开专题园录之先河、有证史补史之功用，[1] 其历史价值和建筑学价值不言而喻。明代王世贞在《游金陵诸园记》中说："洛中之园，久已消灭，无可踪迹，独幸有文叔之《记》，以永人目。"

山，自古以来是文人的钟情之所，所以孔子说"仁者乐山"。北宋时期有无叠山的争议尚无定论，《洛阳名园记》中已有高起地形的记载。由于洛阳有"伊、洛二水自东南分注河南城中，而伊水尤清彻"的天然水源，为造园引水提供了优良条件，"园亭喜得之，若又当其上流，则春夏无枯涸之病""河南城方五十余里，中多大园池"，其中以湖园代表，"园中有湖，湖中有堂""筑山穿池，竹木丛萃，有风亭水谢，梯桥架阁，岛屿回环，极都城之胜概"；东园水域也很大，"水渺㳽甚广，泛舟游者如在江湖间也"，也有的园林水流较小，构成了池、潭、瀑、滩等不同的水景形式，比如松岛"自东大渠引水注园中，清泉细流，涓涓无不通处"，水北胡氏园"水清浅则鸣漱，湍瀑则奔驶"。

北宋时期园艺业繁荣发展，洛阳地处平原之地，气候适宜，植物生长繁茂，"洛阳园圃，花木有至千种者"，甚至还有药用植物，其中以牡丹、竹最多。《洛阳名园记》中记载："洛中花甚多种，而独名牡丹曰'花'。"天王院花园子"盖无他池亭，独有牡丹数十万本。凡城中赖花以生者，毕家于此。至花时，张幕幄，列市肆，管弦其中。城中士女绝烟火游之。过花时则复为丘墟，破垣遗灶相望矣"。洛阳园林中大都有种植竹子的描述，如"竹百亩""竹万余竿""有竹千竿"，甚至独乐园也处处有竹："岛上植竹""种竹斋""前后多植美竹"。洛阳园林在植物配置上各有风姿，松岛是参天双松，富郑公园是凌霄花，即是陆游在《老学庵笔记》中提到的："凌霄花未有不依木而能生者，惟西京富郑公园中一株，挺然独立，高四丈，围三尺余，花大如杯，旁无依附。"但《洛阳名园记》记载园林并非单调种植，而是依据"四时不同"所观"景物皆好"。

金学智认为："有没有自觉出现或大量出现带有文学意味或文化色彩的题

① 李浩：《〈洛阳名园记〉与唐宋园史研究》，《理论月刊》2007 年第 3 期，第 5 页。

名，使作为物质建构的园林文学化、心灵化，这是宋代园林和唐代园林的质的区别之一。”[①] 洛阳园林中出现的题名印证了这一观点。借景致题名寄寓志向，抒发情怀，如李氏仁丰园内的“濯缨”源于屈原的《渔父》：“沧浪之水清兮，可以濯吾缨；沧浪之水浊兮，可以濯吾足。”独乐园七景以古人之典命名，指向归隐的向往：读书堂取西汉董仲舒“下帷讲诵”的典故；钓鱼庵取东汉时期严子陵归隐富春江的典故；采药圃取东汉时期韩康于名山采药隐居的典故；见山台取陶渊明的诗句“采菊东篱下，悠然见南山”；弄水轩直接借唐代杜牧的弄水亭；种竹斋取东晋王献之“何可一日无此君”的典故；浇花亭取白居易爱花的典故。另有“四并亭”“四并堂”，是参悟人生“良辰、美景、赏心、乐事”这千古难并的四事寄予的美好愿望。

从《洛阳名园记》可以看出，宋代的园林已经从奢靡炫富的手段和宴集宴饮的场所，转化为文人的生活需求和内省表现（图 4-14）。

图 4-14　佚名　层楼远眺图

① 金学智：《中国园林美学》，中国建筑工业出版社 2005 年版，第 43 页。

《洛阳名园记》中蕴含的造园思想，以遵循自然之理为前提，“天授地设，不待人力而巧者”，在喧嚣的城市中构建自然山水之境，以山、水、花、亭、台等构园要素和谐搭配为基础，寓情于景、以物抒志，将唐代“一般以物为主，多作客观、静态的记述，重在本身”的方式“发展化为以人为主，将人的强烈的主观意识纳入其中，借以表现社会意识，或释放自我意识，或表现心态意绪……表现出人既能认识自然又能改造自然，既能适应环境又能创造环境的特质”①。

第四节　《遵生八笺》

《遵生八笺》是明代高濂撰写的以身心养护的尊生为基础的休闲审美专著。高濂，字深甫，号瑞南，别号“湖上桃花渔”，钱塘（今浙江杭州）人，约生于嘉靖初年，主要生活在万历时期。他是明代著名戏曲作家，著有诗文集《雅尚斋诗集》，传奇剧本《玉簪记》《节孝记》等作品，散曲见于《南词韵选》《南宫词纪》《吴骚合编》《词林逸响》等书，存小令、套数各十余篇。他是典型的江南文人，具有中国传统文人的独特情怀与人生追求——这是《遵生八笺》的诞生背景与前提。日本学者坂出祥伸认为，明代养生理论呈现出鲜明的文人化特点，作者不仅限于医家与道士，许多著名文人、学者、藏书家甚至官员也熟悉养生，如李贽、陈继儒、周履靖、胡文焕等。同时范畴也有所延伸，与所谓的“文人趣味”密切相关，以朱权、周履靖与高濂等人的作品为例，开始涉及居处、日常器用、书画古物、花竹鉴赏等活动，② 验证了“中国思想传统本质上是一种‘体验之学’，中国思想家仰观天文，俯察人事，抟成其宇宙论、人生观、社会政治论，莫不‘近取诸身，远取诸物’”③，

---

① 王水照：《宋代散文的技巧和样式的发展》，《光明日报》1963年3月31日。

② 陈秀芬：《养生与修身：晚明文人的身体书写与摄生技术》，稻乡出版社2009年版，第4—5页。

③ 黄俊杰：《中国思想史中“身体观”研究的新视野》，《现代哲学》2002年第3期，第66页。

所以中国思想文化系统，正是具备着身体体验之基础。

中国传统文化中素有儒家治世、道家养生、佛家修心的认识，明代文人对其养生立场之阐述中可见其三家融合的文人思想。高濂的养生之论“融会道释精神，却不脱儒生的本分。他沿用道教的按摩、叩齿、漱津等修炼法，对于念佛、持咒、焚香诵经也不排斥，究其精神，仍是以儒家的修养伦理为核心”①。李时英为《遵生八笺》所作序言中，也指出高濂著述之本为“树其颖之风声，以昭儒家功令”。

《遵生八笺》分别是论述养身格言的卷一、卷二“清修妙论笺”，论述修养要诀的卷三至卷六“四时调摄笺”，论述器物颐养的卷七、卷八“起居安乐笺”，论述延年去病之术的卷九、卷十“延年却病笺”，论述食物的卷十一至卷十三“饮馔服食笺”，论述清玩鉴赏的卷十四至十六“燕闲清赏笺”，论述灵秘药方的卷十七、卷十八“灵秘丹药笺”，介绍史上隐逸人事的卷十九“尘外遐举笺”。

高濂以其文人的生命观和审美观，赋予生活之中的养生、花木、游赏甚至诗词戏曲等极其丰富的审美意蕴，透过文人的视角，为这现实而琐碎的生活世界镶上了审美灵性的金边，构筑了《遵生八笺》文人生活美学。他“随时叙以逸事幽赏之条，和其性灵，悦其心志”，春时苏堤看桃花、夏时山晚听轻雷断雨、秋时乘舟风雨听芦、冬时山头赏雪品茗。在尊生中显现生活的本真，既是对生命本质的回归，更是指向审美理想的最终实现，体现为自得逍遥、圆满纯粹的生命形态（图 4-15）。

高濂常常参与或组织文人雅集活动，并且其交游之人，也多为当时名士。师从王世贞的著名学者、文论家胡应麟，与高濂交往颇密，他在《少室山房集》（卷四十）曾写《花朝吴孝父邀集高深甫湖上园亭》，记录高濂于花朝节在其湖上园亭设宴之情形：

名园总宜客，春半大堤头。
绿水时扃户，青山日满楼。
携壶新雨过，挟瑟乱云流。

---

① 陈秀芬：《养生与修身：晚明文人的身体书写与摄生技术》，稻乡出版社 2009 年版，第 66 页。

图 4-15　　许道宁　高秋观潮图

漫惜花朝宴，蹴成列炬游。

《四时调摄笺·春卷·春时幽赏·山满楼观柳》也详细地记载了春天邀请文人名士雅集，赏山满楼之景的情形：

苏堤跨虹桥下东数步，为余小筑数椽，当湖南面，颜曰“山满楼”。余每出游，巢居于上，倚栏玩堤，若与檐接。……春色萧骚，授我衣诀间矣。三眠舞足，雪滚花飞，上下随风，若絮浮万顷，缭绕歌楼，飘扑僧舍，点点共酒旆悠扬，阵阵追燕莺飞舞。沾泥逐水，岂特可入诗料？要知色身幻影，即是风里杨花。故余墅额题曰“浮生燕垒”。

史上记载高濂参与的室内雅集活动有赏鉴雅玩。冯梦桢在《快雪堂日记》记载了其于万历年间鉴赏书画的情形：

初七，晴阴相半，镕雪未尽。同方次卿诸君高深甫斋中阅诸古玩，惟郭恕先临王右丞《辋川图》，马和之《鲁颂》《商颂》二卷最佳。初到登高阁眺群山积雪，遂见此物，尤可快也。后阅诸帖，有泉州旧本《阁帖》最佳，深甫以为阁本，非也。诸窑器亦多有佳者。留饮，至昏黑而别。杨中麓相陪竟日，骥儿从。

晚明闲适生活美学的倡导者高濂，在《遵生八笺》中的《燕闲清赏笺》，以一种类似于传统赋体文学的铺陈手法，展示了一个通过陈设“清玩”“清赏”构筑起来的生活空间：

故余自闲日，遍考钟鼎卣彝，书画法帖，窑玉古玩，文房器具，纤细究心。更校古今鉴藻，是非辩正，悉为取裁。若耳目所及，真知确见，每事参订补遗，似得慧眼观法。他如焚香鼓琴，栽花种竹，靡不受正方家，考成老圃，备注条列，用助清欢。时乎坐陈钟鼎，几列琴书，帖拓松窗之下，图展兰室之中，帘栊香霭，栏槛花研，虽咽水餐云，亦足以忘饥永日，冰玉吾斋，一洗人间氛垢矣。清心乐志，孰过于此？

有学者认为：“理学家讲天地生意大多从花草、鸟兽虫鱼讲起，周濂溪不除窗前草，二程子观鱼、观鸡雏，张载听驴鸣，直到阳明亦说‘天地生意花草一般’，近溪子亦善于从鸟兽虫鱼之中观仁……虫鱼、禽鸟、牛羊之形影相依，悲鸣相应，体现的是众生躯壳之间生机畅遂之貌。”[①] 而清赏器物的过程，也是在撷取大千世界的生之菁华，去伪存真的过程，只有择与天地之理与先哲之气而赏之，生命与自然之间、生命与生命之间才能有更洞彻的互通与印证（图 4-16）。

中国插花艺术“到明朝达到顶峰”，而明代对“赏花工夫”修养最深的，要推高濂。[②] 高濂主要在《燕闲清赏笺》的下卷用“瓶花王说”“四时花纪”“花竹五谱”三篇阐释了插花艺术。他认为花艺是“自家生意，原无一定成规，不必拘泥”，只有尊重“万物得遂其本性”的宇宙自然的灵气生机之美，才能表现对生命的体验与感受，这也继承了楚文化中香草美人式的道路。正

---

① 陈立胜：《“身不自身”：罗近溪身体论发微》，《西北大学学报》（哲学社会科学版）2012 年第 1 期，第 16 页。

② 黄永川：《中国插花史研究》，西泠印社出版社 2012 年版，第 169 页。

图 4-16　李唐　竹林拨阮图

如恽南田说："香山翁曰：须知千树万树，无一笔是树；千山万山，无一笔是山；千笔万笔，无一笔是笔。有处恰是无，无处恰有，所以为逸。"①

黄慎的《赏菊图》是写意之笔，一位老人侧卧古瓶旁，右手扶地，头略前倾，正全神贯注地欣赏瓶中之菊，似乎将融入这花香之中。画家画得千花万花，无一笔是花，这暗香是在花外，在画外，在南田说的"细雨梅花发，春风在树头，鉴者于毫墨零乱处思之"。古诗有云"不愁明月尽，还有夜珠来"，文人在画中表现的花鸟虫鱼、清风流水，寄存的是他们的情深义重、明月前身，呈现的是内在灵魂的高歌。

除插花外，还论及饮食、居室、文房、书画等范畴，但是在高濂的理论

① 恽寿平：《南田画跋》，毛建波校注，西泠印社出版社 2008 年版，第 17 页。

体系中，关注这些“身外之物”，并不在于其作为“物”性的价值，而是文人为营造清雅超俗的环境氛围，以器养志，心有所寄，在格物中获得身心愉悦，在自得中感受恬淡生活，在自由中体悟生命纯粹，进而颐养心神、物我两忘，复归于圆满的本真状态。这种玄远自适的精神境界，是中国古代文人的人生追求和审美理想（图 4-17）。

图 4-17　仇英　桃源仙境图

第五节　《瓶花谱》与《瓶史》

中国古代对花木的关注历史悠久，《诗经》中就有诸多如桃花、芍药等花木的记载。汉代随着疆土的开拓与对外交流的频繁，植物种类大大丰富，出现了专门用于观赏花木的园池。魏晋南北朝时期，随着造园的兴起以及印度佛教瓶供的传入，文人寄情花木，插花艺术形成。经过隋唐的发展，插花在宋代已经成为生活必备活动之一。明代是插花艺术发展的鼎盛期，随着王阳明“心学”、复古思潮的盛行，结合中国传统文化中“理”“象”“气”“数”等，产生了大量理论著作。

《瓶花谱》与《瓶史》是明代专门论述花艺美学思想的著作。《瓶花谱》的作者张谦德，原名丑，字青父，号米庵，昆山人，后来迁徙到长洲，幼承庭训，兴趣博雅，著有《茶经》《名山藏》《清河书画舫》《真迹日录》《朱砂鱼谱》等作品。据《朱砂鱼谱序》记载，他评价自己说：“余性冲澹，无他嗜好，独喜汲清泉养朱砂鱼。时时观其出没之趣，每至会心处，竟日忘倦。惠施得庄周非鱼不知鱼之乐，岂知言哉!”他于明万历二十三年也就是 1595 年写成《瓶花谱》，比高濂《遵生八笺》中的《高子瓶花三说》一篇略晚，却比袁宏道的《瓶史》早五年。这是我国历史上论述瓶花艺术的较早专著，体系规整，超越此前随兴记录的体例，建构了文人的审美理念，从品瓶、品花、折枝、插贮、滋养、事宜、花忌、护瓶等八个方面系统述呈其花艺思想和生活观念，成为明代花艺理论经典作品。

16 世纪末年，文学家袁宏道写《瓶史》十二篇，从鉴赏角度论述了花瓶、瓶花及其插法。袁宏道，字中郎，一字无学，号石公，又号六休，湖北公安人，出身官宦世家，生活富足，擅长诗文，科场失意后受李贽影响，决心改变诗文创作之风，主张“文随时变”，认为文章与时代有密切关系，反对“文必秦汉，诗必盛唐”的复古风气，提出“独抒性灵，不拘格套”的“性灵说”，成为明代文学反对复古运动的主将。流传至今的二百余篇作品，清新明畅，情致盎然，传记文有《徐文长传》《醉叟传》等，游记有《满井游记》《虎丘记》《天目一》《晚游六桥待月记》等，也有少量抨击现实的诗作，如《猛虎行》《门有车马客行》《逋赋谣》《巷门歌》等。《瓶史》一书，前有《小引》，正文共十二篇，上卷为瓶花之宜、瓶花之忌、瓶花之法三篇；下卷分花目、品第、器具、择水、宜称、屏俗、花崇、洗沐、使令、好事、清赏、监戒等十二篇。他在《小引》中阐释了著述的原因："夫山水花竹者，名之所不在，奔竞之所不至也。天下之人，栖止于嚣崖利薮，目眯尘沙，心疲计算，欲有之而有所不暇。故幽人韵士，得以乘间而踞为一日之有。"

图 4-18　陈洪绶　停琴品茗图

世间人人蝇营狗苟，追求功名利禄，只有山水花竹之中没有名利之争，不是人们追求的目标。尘世中算计功名利禄之人，没有时间侍养花卉。只有超越名利浮华之人才能有时间和心情来感受花草之美。

中国古代追求清雅生活的文人雅士，常于厅堂、书斋、窗边插一瓶花，以求诗意禅趣。因此在以《瓶花谱》与《瓶史》为代表的明代花艺著作中，"清雅"既是通过瓶花插制这一审美活动形成的生活样貌，也是明代文人阶层共同的精神追求（图 4-18）。

明代文人雅士崇尚历史久远的古玩器物，特别是尚用古青铜瓶器及仿古陶瓷瓶器来充当花瓶。《瓶花谱》中说，“凡插贮花，先须择瓶”，且“贵磁铜，贱金银”。通过如古壶、胆瓶、尊觚等“书室中妙品”的复古器物，营造闲情逸致，形成审美语境，是古代文人瓶花生活美学旨趣的高度概括。对文人来说，和艺术家一样，灵魂的深度不是一望而知的，而是要沉浸到外在和内在世界里去探索，[①] 要把“把生活中的每个细节都艺术化，在日常生活中营造或寻找一种古雅的文化气息和氛围”[②]，在深厚的学养和才情滋养之下，通过不断地实践，融入、内化成文人的生活哲学和生命价值，将形而上之精神理念与形而下的器物结合，引导由器而道的升华，最终体现自然生态与人文情思的互动融通（图 4-19）。

图 4-19　钱选　西湖吟趣图

① ［德］黑格尔著：《美学》（第一卷），朱光潜译，商务印书馆 1981 年版，第 35 页。

② 吴承学、李光摩：《晚明心态与晚明习气》，《文学遗产》1997 年第 6 期，第 67 页。

第五章　古代文人画中生活美学的当代价值

古代文人画在东方文化背景下展现的古典生活美学，不仅可以参与生活美学的理论建构，还可以为当代人重塑生命意识、优化生存状态提供重要借鉴和启示，从而在理论和实践上推动当代生活美学的发展，彰显中华文明的智慧与贡献。

第一节　当代生活美学的构建

当代艺术在逐渐抛弃审美传统经验而且扰乱艺术自律性的同时，也回归了美学与社会生活的天然联系，在美学领域重构的过程中，“生活美学”(Performing Live Aesthetics) 应运而生。

日常生活就是日复一日、普通琐碎、熟知惯常的平日生活，它存在于每一个个体的生存过程中，涵盖了人与人、人与物、人与自然的各种关联，也包括了人类的情感、情绪、无意识等各种精神活动。“在平日中，活动与生活方式都变为本能的、下意识的、无意识的和不假思索的机械过程。物、人、运动、工作、环境、世界等等的创造性和可靠性是不曾被人感知的。它们未经考查、未被发现，但是却简捷地存在着，并被看作囊中之物，看作已知世界的组成部分。"① 日常生活不是私人生活，也不是通俗生活，而是个体在整体化的日常生活世界中，通过自身行为经验建构自己的自然化的生活世界，并通过个体生活世界的投射来影响整体化的日常生活和塑造自身。

生活美学是人生由物质生活向精神生活的超越，由功利层面向艺术层面的升华，它以实现人类的现实生活价值为归依，呈现人类澄明的本真存在。这就要解决美学如何关注日常生活并渗透到日常生活中去，人类在日常生活中如何获得愉悦的美感，体会存在的意义。生活美学的出现是美学研究和美学实践适应社会发展的必然结果，美学要突破元理论研究的瓶颈，就要走向社会生活的广阔天地，以开放的态度，兼容并蓄地容纳不同的审美价值取向，与个体、民族乃至整个人类审美情趣的提升、道德素养的修炼、人生价值观的塑造等融合在一起，完成大众审美心理意识的建构。生活美学将美学从单纯的形而上的哲学思辨，转换到形而上与形而下的美学实践，同时生发出意义，实现对人类的终极关怀。

西方 19 世纪末就出现了关于生活美学问题的讨论，王尔德曾预判，生活美学就是"生活与艺术的最终结合"。到 20 世纪末，才正式出现了生活美学的概念。生活美学其实就是在生活和艺术界限逐渐模糊的时代背景下，日常生活发生的"审美泛化"的趋向，表现为"生活的艺术化"和"艺术的生活化"。前者指生活方式的审美化倾向，而后者指艺术品的生活化、日常化倾向。一言以蔽之，生活美学即"美是生活"。

维特根斯坦在其《文化与价值》一书中说道："没有什么比一个自以为从事简单日常活动而不引人注目的人更值得注意……我们应该观察比剧作家设计的剧情和道白更为动人的场面：生活本身。"他认为，生活是美的本源和生发的基础，它与美是同一的，甚至比一般艺术具有更为动人的美。

2005 年哥伦比亚大学出版社出版了由安德鲁·莱特与乔纳森·史密斯共同编著的《生活的美学》。这本以"生活美学"为主题的文集共包括"生活美学的理论化""欣赏日常的环境"与"发现日常的审美"三个部分，不仅对生

---

① ［捷克］卡莱尔·科西克：《具体的辩证法》，傅小平译，社会科学文献出版社 1989 年版，第 53 页。

活美学的本质、社会审美观念、生活美学特征进行了理论层面的探索，还关注到了环境美学在生活美学中的出现，甚至将天气、嗅觉、味觉、食品等领域的内容纳入生活美学中来。它既是传统美学研究的延续与拓展，也是人类社会发展过程中对自身的深切关注。

2007 年，牛津大学出版社出版的日裔美籍学者斋藤百合子所著的《日常美学》，围绕以艺术为中心和以审美经验为中心两个美学方向分析了日常美学发展的必然性：以艺术为中心的美学关注艺术经验，而容易忽略审美经验所附着的广阔的日常生活，以审美经验为中心的美学则有效地弥补了这一不足。生活美学拓展了美学研究的领域，延展了世界的审美维度。

2007 年，英国阿什盖特出版社出版了凯蒂亚・曼多奇的《日常美学》，书中提出了西方传统美学的缺陷在于将日常与美学、艺术与人生分裂开来。

2012 年，查克瑞・辛普森出版了《人生作为艺术：美学与自我创造》，其中提出了西方美学中的艺术化思想从尼采美学到福柯美学的线性发展，但是如何将通过艺术自由与创造力所呈现出来的美学意义融入个体的日常生活当中还未形成定论。他试图在形而上的观照下，探索生活美学、人生艺术的可行性，认为艺术化的人生就是把审美贯彻到个体的生活与独立的思考中去，从而自由地创造出艺术化的生活。

2012 年，托马斯・莱迪的《日常中的超日常：生活的美学》深入分析了生活美学的本质与属性等理论，试图构建完整的生活美学体系。他不认同传统美学将审美经验归结于超日常经验，提出了生活美学是立足于日常经验，并指向超日常经验的，且在两者之间形成了内在的张力结构。（这与我国生活美学理论的研究者刘悦笛的理论接近。）生活美学不仅是日常生活，还包孕着超凡的审美维度。

2009 年，格伦・帕森斯与阿伦・卡尔松合著了《功能之美》，其中逐一剖析了已有生活美学实现审美价值方法论的不足之处：传统形式主义忽略了日常生活的内涵和意蕴，艺术化的方法否定了日常生活的日常性特质，贴近日常生活的舒适观感则又远离审美经验，现象主义方法会因依赖于审美态度而超离日常性，强调全方位参与环境的介入法，其命题本身从根本上还值得探讨。

马克思的哲学体系中，存在着回归生活世界的取向。所谓“思辨终止的地方，即在现实生活面前，正是描述人们的实践活动和实际发展过程的真实实证的科学开始的地方”。以现实生活为基础的“感性活动”弥补了传统美学研究中感性与理性之间的裂痕，融合了原本二元对立的主体与客体，从本质上说也是在现实生活的审美经验中对传统美学体系的重构。① 马克思的哲学就是一种“生活实践”的哲学，是回到生活实践的哲学。马克思主义美学观认为审美的意义在于在实践劳动过程和结果中，感受到人类本质力量的显现，从感觉的完全解放实现对自然与生活的确认，并与其产生感性互动，最终实现人的全面发展。因此，马克思建构的美学体系是在终极审美理想上赋予了生活的美学色彩，而非仅仅徘徊在生活的实践性范围之内。美并不是在精神层面或现实生活之外神秘处生发的，而是伴随着人类自身进化演变和社会历史发展同时生发的，只有从生活出发，才能探索回归生活的可能性和可行性。因此，在马克思辩证唯物主义的方法论指导下，对传统形而上学的倒转，其实也就是建立理论与实践的关联，以对感性生活的直观体验落实对美的理解，审美过程也就与日常生活融化为同一过程。“总之，忘记生活世界，终将被生活世界所遗忘。与其他学科相比，美学更需回归于生活世界来加以重构，这是美学的学科本性所决定的。生活美学，也许正是未来美学的可选择的发展方向之一。”② 生活美学不仅仅是实用美学、日常美学、美善之学，而是最终指向回归本真生活世界的本体论美学，联通了哲学观、艺术观、生活观的开放崭新的美学体系。

虽然也有西方学者意识到了东方美学的价值，但他们的落脚点仍在艺术理论而非人类日常生活经验。北京师范大学文艺学研究中心编著的《文艺学新周刊》认为：“新世纪以来，生活论转向开始成为文艺学美学的重要话题，以‘日常生活审美化’启其端，而‘生活美学’承其绪。”与此同时，质疑的声音也开始出现，因为“即使是一种生活本体论意义上的‘生活美学’，要取得实效，需要对现实生活世界中的审美现象、活动展开系统、深入的专题研

---

① 刘悦笛：《“生活美学”的兴起与康德美学的黄昏》，《文艺争鸣》2010 年第 3 期，第 17 页。

② 刘悦笛：《“生活的”实践与“实践的”生活——从现象学解读马克思美学的经典文本》，《江西社会科学》2005 年第 5 期，第 232—233 页。

究”①。

2005年，中国学者刘悦笛聚焦于生活美学本体论建构的《生活美学》出版，展现了基于深厚传统历史文化的中国生活美学的全球性价值，正是中国美学吸收了西方美学之后，对于自身的回归与重构，证明了中国美学的独立性地位。在新时代的当下，中国美学与西方美学共同创造着美学研究的新局面。

由剑桥学者出版社出版、刘悦笛与国际美学协会主席柯提斯·卡特主编的《生活美学：东方与西方》，针对当今全球美学领域中“文化背景下的日常生活”这个焦点，记录了东西方共十二位学者在生活美学基本问题上的阐发、探讨与交锋。书中指出，不论是中国还是日本的传统美学都可被视为生活美学的“原生态”，尤其是中国美学蕴含着深厚的生活审美化的历史传统，在“文化间性”的视野当中理应得到一种创造性的转化。生活美学的研究应该在东西方文化的融合中开展，秉持着对话与合作的原则，对当代西方和中国美学重新界定，进而熔铸出一种具有“全球性”特质的生活美学新形态。②

当代中国美学知识构型向传统美学的回溯，其目的正在于重建美与感性经验、美与生活世界的本然联系，使美学返回到本应具有的广阔视野，并以开放的、增生的态势，不断增强其解决现实审美问题的能力。

在中国美学的大背景下，生活美学也有与之契合的根基。儒家思想中已有关于生活美学的倾向，儒家思想不仅参与传统社会制度建设，并成为其主流思想，另一方面，“孔子的观点是实实在在地在日常生活中被感觉、被体验、被实践、被践履的。孔子关注于如何安排个人的生活道路，而不是发现‘真理’”③。所以儒家美学并不仅仅是与道德伦理、人格修养密切融合、参与中国传统社会制度构建，还成了生活美学的情感源流（图5-1）。

李泽厚认为传统巫术活动对于中国文化和哲学中“礼”的影响是直接且深远的，称之为“巫史传统”。刘悦笛则认为这种理论将巫术与儒家思想中“礼”“仁”等文化元素的塑造联系起来，关注到巫术理性化的一面，但也不

---

① 薛富兴：《“生活美学”面临的问题与挑战》，《艺术评论》2010年第10期，第54页。

② 刘悦笛：《今日西方“生活美学”的最新思潮——兼论中国美学如何融入全球对话》，《文艺争鸣》2013年第3期，第17—18页。

③ 安乐哲、罗哲文：《〈论语〉的哲学诠释》，中国社会科学出版社2003年版，第5页。

图 5-1　李唐　采薇图

应该忽视巫术的感性化特征；关注到巫术对中国文化心理结构中“情”的塑造，但儒家的审美要素“情”也一直并未缺席，体现在儒家思想“乐”的传统上。周朝形成的“礼乐相济”就是礼与情的统一。郭店楚简《语丛》说：“礼因人之情而为之。”“情生于性，礼生于情，严生于礼。”《性自命出》里说：“礼作于情，或兴之也。”都强调了礼是从情生发而来的。孔子在《论语·泰伯》中说：“兴于诗，立于礼，成于乐。”意思就是说人的修养开始于学《诗经》，自立于学礼，完成于学乐，正表明“礼乐并重”，礼与仁最终要在乐中得以完成和完善，体现了把乐安放在礼的上位，认定乐才是一个人格完成的境界。正是意识到了这种“最高艺术价值的自觉”[①]，所以孔子在《论语·述而》中说：“志于道，据于德，依于仁，游于艺。”在儒家美学中，立志于道，志存高远，依据德行，慎执操守，是精神层面的理想；依傍于仁，以仁为卫，扩而充之，畅游于艺，不可偏废，是生活层面的准绳，这两方面都是修行的内容，在极致自由和完美人格中充溢着审美情感。

审美活动的本质是以一种直接把握的直观经验，透过审美现象认识到美的本质，呈现事物的本身。道家所追求的“道”就是归复事物的本真。《道德经》中说：“窈兮冥兮，其中有精；其精甚真，其中有信。”这“真”就是事物的本性、本源：“真者，所以受于天也，自然不可易也。”在“法贵天真”的现实生活中，以一种“涤除玄览”“见素抱朴”的审美态度，“致虚极，守

① 徐复观：《中国艺术精神》，春风文艺出版社 1987 年版，第 4 页。

静笃。万物并作，吾以观其复”，领悟《庄子·知北游》中所说的“原天地之美而达万物之理”，达到顺从万物本性，保持和回复本然之态的素朴状态，才能达于“天地无言”的“大美”至境。

从美学研究来看，生活美学要以学理性研究为方向，完成美学学科的使命；从美学实践来看，生活美学需要符合生活世界的审美实际。从心理学领域描述，对现实生活经验感知，只有升华到自觉的自我观照，才能进入到审美的体验阶段。也就是说，只有从满足基本生存的生活，升华到对这种生活的观照体验，实现自觉地发现生活的美善交融，增进当代人的幸福感、获得感，才是美学回归生活的本旨。如果执着于当下的感知，而满足于生活经验，就不能享受到自我观照带来的自由精神的乐趣。而这种自由，恰恰是能将现实生活经验中的苦难转化为人生审美体验的关键。只有实现了现实生活经验与审美体验的联通，才可以从审美经验的视野感性观照现实生活。所以从这个角度说，美学在现实生活层面的回归与重构，又是哲学与伦理学的形而上的探究——什么是完美的人格、理想的人生、幸福的生活、完满的人性，以及如何达到并自觉感知、理解和体验。

从中国的生活美学理论体系出发，中国美学要回归到美学本体所关注的经验，就要创造出更具有文化底蕴和民族精神的中国艺术，也要建构出更契合传统文化的艺术理论体系。

美学走向生活这个趋势更契合东方传统，“生活美学”中的艺术与生活是双向融入的，以艺术的眼光观照日常生活，也是从日常生活中创造艺术。生活包含“生”与“活”两层含义，“生”是指生物性的特质，是一切生物的属性，包含了生生不息的状态，大而扩之到生命力所延续的生命精神；“活”是指生命的形态，是“生”所呈现出来的有意思、有趣味的“存在”。清代画家石涛在《画语录》中的《笔墨章》说：“墨之溅笔也以灵，笔之运墨也以神，墨非蒙养不灵，笔非生活不神。能受蒙养之灵而不解生活之神，是有墨无笔也。能受生活之神而不变蒙养之灵，是有笔无墨也。山川万物之具体，有反有正，有偏有侧，有聚有散，有近有远，有内有外，有虚有实，有断有连，有层次，有剥落，有丰致，有飘缈，此生活之大端也。故山川万物之荐灵于人，因人操此蒙养生活之权，苟非其然，焉能使笔墨之下……尽其灵而足其神?”

他认为，古代画家在用笔用墨上的优势不一样，这是画家的天赋才学有差距造成的。墨濡染笔端要灵活不滞，没有潜心的技巧训练不能达到，运笔挥墨神化无拘，则源于对生活的潜心观察和体验。山川万物能呈现出它们灵妙神态的具体形貌，是因为那些有技巧修养与生活体验的画家，不然怎么能画出它们的灵妙和神奇呢（图 5-2)?

图 5-2　石涛　云山图

中国古典文化滋润下的“生活美学”，“艺”与“术”的传统深深地植根于本土生活当中。其中至少有两个传统至今绵延未绝：一个是以“书法”为代表的“文人生活美学”传统；另一个则是以“民艺”为代表的“民间生活美学”传统。它们都使我们回到艺术与生活的亲和关联，来重新定位艺术与生活。①

似乎与西方的“新艺术史学”具有异曲同工之妙，在艺术史论领域，研究者已经从传统“风格论”的窠臼中走出来，更为关注艺术与社会、文化之间的关联与互动，中国艺术走向了一条回归生活的人文关怀之路。在这条路上，当观照艺术的时候，实现了生活美学的融入，当观照日常生活美学的时候，实现了艺术的创造。英国艺术史家爱德华·露西-史密斯在探讨全球化问题中的全球化文化发展趋势时，敏锐地认识到中国文化发展的自主化趋向，中国艺术创造为了体现文化传承和民族精神，“一直存在着一种重新肯定中国文化延续性的努力，而同时也产生了一些明显属于当代的尖锐的、先锋的艺术。这些努力的核心是强烈的文化民族主义”②。

传统美学的精英文化定位，使其凸显的是人文精神和人文关怀的追求，与现实生活之间存在着遥远的距离。新世纪以来，科技的进步与社会的发展带来了经济、文化、艺术、媒介等各个领域的繁荣和平民文化的异军突起，面对民众对美好生活的追求，美学研究不得不在理论思辨的同时，关注平民文化和现实生活，当代美学应运而生。

仪平策提出了“生活美学”的概念，认为生活“不同于车尔尼雪夫斯基所说的‘生活’，因为车氏尽管将美学的重心从‘先验理念’拉回到‘现实生活’，但他所理解的生活总体上依然是一种抽象直观的、生物学意义上的生活，是一种等同于‘活着’的‘生活’。我们所理解的‘生活’，指的则是人类在历史的时空中感性具体地展现出来的所有真实存在和实际活动。它既包括人的物质的、感性的、自然的生活，也包括人的精神的、理性的、社会的

---

① 刘悦笛：《“生活美学”：是什么与不是什么》，《艺术评论》2011 年第 4 期，第 22—24 页。

② 爱德华·露西-史密斯：《谁的全球化》，阿莱斯·艾尔雅维茨主编：《全球化的美学和艺术》，刘悦笛、许中云译，四川人民出版社 2010 年版，第 117 页。

生活，是人作为‘人’所历史地敞开的一切生存状态和生命行为的总和”①。

美的活动不仅以日常生活为“来源”，而且要在日常生活中得以“呈现”。美的本质是表现出人的本质力量的本真生活，处于日常生活与非日常生活之间，容易被日常生活的重复和绵延所遮蔽，也容易被非日常生活及其制度化所异化，在某种程度上具有日常生活与非日常生活的双重性。但是本真生活坚持其自由的特性，保持自身对日常生活的内在超逾和对非日常生活的抵抗，以其具体生动的原发形态，保持其超越直接功利目的和抽象僵化概念的、生气勃勃的、青春活泼的呈现状态。所以“生活美学”将日常生活与艺术融合的理想形态，是以具体而自由的、完整丰富的人类生存状态实现人性的完满与人类的发展。

哲学意义上美学的建构是从存在和生存出发，追求自由的本真，呈现人生本身的价值。生活美学则是回归日常生活本真，通过日常生活中人类本质力量的肯定确证生命存在的价值。将日常生活置于时间和空间两个维度中展开，时间维度的人生美学展示出不同的人生审美创造价值，空间维度的人生美学又展示出无限自由的生活与艺术创造。“人生无处不美”，正是对生存论美学的最好概括，人生艺术化则是生存论美学的现实追求。②

学术界通过理论思辨型、历史经验型和实践应用型三种生活美学的类型，深入研究其面貌和特质，对当下社会重新思考美学学科的发展特性、促进美学与其他学科的交流互融、沟通中西方美学的对话互动有着积极的作用。

理论思辨型是起始于2005年的研究形态，它承袭了杜威的美学理论，以日常生活中艺术的角色与审美经验的产生为中心，是对传统西方美学研究范式的质疑和挑战。

历史经验型是在特定历史和文化背景下对生活美学的观照，其历史可追溯到原始社会中带有历史经验型生活美学表征的一些元素，如出现在身体上的文身、饰物和器物的造型、色彩、图案等。生活美学出现的历史比作为学

---

① 仪平策：《生活美学：21世纪的新美学形态》，《文史哲》2003年第2期，第123页。

② 李咏吟：《两种惯性与一个目标：现代中国美学思想传统再认识》，《文艺争鸣》2018年第8期，第88页。

科意义上的存在要久远得多，因此历史经验型生活美学既是向历史上日常生活审美传统的回归，也是在新的起点上重新出发。历史经验型生活美学蕴藏着丰富的历史信息，它能够从日常生活审美的独特角度以小见大地展现特定历史时期的生活景象，反映生活方式的变迁，进而揭示社会的运转和演进。因此，从历史经验型生活美学中挖掘史料，并重视微观个体审美经验与宏观历史结构之间的张力关系，有可能开拓美学研究和史学研究的领域。①

虽然中国古代生活美学属于历史经验型生活美学的类型，如有魏晋南北朝时期的生活美学、北宋文人生活美学、明朝时期的生活美学等，但并非此类型的唯一代表。世界范围内多个国家和民族也存在着历史经验型生活美学，如 17 世纪法国贵族的生活美学。从这个意义上说，历史经验型生活美学具有全球化和综合性的潜在发展特质，在多元的文化历史背景下成为日常生活审美传统的汇聚。

在历史经验型的框架内考察中国古代生活美学，虽然是以文人士大夫为主导的，但与朝廷美学、民间美学、市民美学等其他生活美学类型之间也有互动借鉴。因此从古人生动的日常生活审美经验和在事实中提炼、归纳、总结出来的古人日常生活审美的方式、特性和规律等，可以上升到理论的高度，补充、丰富和完善理论思辨型生活美学。

实践应用型是指导大众生活实践的实用美学，是由美学理论建构的生活美育面向普通大众日常生活的呈现和落实，它将美学理论引出曲高和寡的专业范围，解决普通百姓的日常审美需要。它引导人们以审美的态度对待生活和人生，将其内化为一种生活方式和生存智慧，最终实现理想化的审美人生，因为“过一种更好的生活是所有艺术中最高级的艺术”②。从这个角度上讲，实践应用型生活美学也指向了生活美学的理论目标所在。但落实在生活实践的层面上，实践应用型生活美学更接近于一种实践指南，如在服饰、烹饪、家居、旅游、饮食等多方面提升生活质量和优化生存状态，使之上升到艺术

① 田军：《论生活美学的三大类型及其意义》，《华北电力大学学报》（社会科学版）2017 年第 4 期，第 101—105 页。

② ［美］舒斯特曼：《身体意识与身体美学》，程相占译，商务印书馆 2011 年版，第 15 页。

的层面。

美学并非仅具有单一的思辨性，因此历史经验型和实践应用型的生活美学研究同理论思辨型生活美学有天然不可分割的联系。如在审美与生活的关系处理上，中国古人不像西方人那样纠缠于二者的分与合，而是始终将二者和谐统一，并以升华人格修养和实现审美化人生为旨趣。中国古代生活美学的丰富资源能够为解决西方学界提出的生活美学理论问题贡献中国智慧和中国方案，从而参与和融进全球生活美学的建构。①

生活美学的研究首先要明确“生活”不是繁杂琐碎的外在客观事物本身，是以此为基础所形成的“生活”的概念体系，是具有审美属性并能够带来审美经验的“生活”。其范围在限定性上可以突破衣、食、住、行等生存基本需求的传统思路，以日常生活中的物、事、人、环境来构建框架，在此基础上扩大和延展到人与物、人与人、人与自然的关系的协调。同时，生活美学的研究范畴也是随着历史文化和社会生活的发展而不断变化的，会有新生的要素不断纳入生活美学的研究视野。在这一点上，审美主体也应秉持着开放的原则，发现和捕捉生活中具有潜在审美属性的元素，以丰富生活美学的研究内容（图 5-3）。

图 5-3　苏轼　寒食诗帖

① 田军：《论生活美学的三大类型及其意义》，《华北电力大学学报》（社会科学版）2017 年第 4 期，第 104 页。

虽然生活美学与艺术都致力于人类精神家园的建构和审美化生存的实现，艺术审美过程中的审美心理、审美创造也适用于生活美学，但从两者的特性来说，生活美学不能直接僵化地移植或过度依赖于艺术的理论研究方法和思维模式，连续性、经常性的生活美学实践是可以自我把控和自我调适的，使人们能够以一颗艺术的心去提升个体幸福感的同时，观察和开掘寻常的生活，为生活赋予新义和增添诗意。①

纵观百年中国美学发展，中国美学经历了从独立、发展再到反思、重构的曲折历史。在当今中国的美学研究中，出现了以生态美学、生活美学、身体美学、文艺美学等为主的理论形态。20 世纪 90 年代，生活美学在我国开始兴起，形成了“让美学走出‘审美无利害’和‘艺术自律’论，回到生活世界中去”的美学转向。② 1991 年，王德胜发表《美学如何可能走向大众生活》《美学的改变》等文章，谈论当代中国美学走向大众生活的必然性、可行性以及意义为始，陶东风、周宪、金元浦、仪策平、高建平等学者继续深入探讨了美学这一发展趋势。刘悦笛指出生活美学继续在“本体论”上拓展，并努力回归现实生活世界来加以重构，已经成为全球美学发展的新潮与主流。③

在中国文化背景下建构“生活美学”体系，蕴含着华夏传统的生命意识、生活观念和人生追求脉络：一方面本然呈现出摇曳生姿的古典生活现场之美，另一方面又指向了其来路、走向和转化的可能性。这就需要当今中国的美学研究者，一方面积极地参与到与国际美学界的最新交流当中，另一方面又回到本土去挖掘中国古典“生活美学”的资源。④

中国传统美学观照下的“自然”不是客观存在物的山水草木，也不是存在于主观精神里的虚幻形象，它存在于人的“生活”中的自然。中国古代哲

---

① 田军：《新世纪以来西方生活美学的内部论争及其反思》，《南京师范大学文学院学报》2017 年第 3 期，第 68—69 页。

② 高建平：《美学与艺术向日常生活的回归》，《北京大学学报》（哲学社会科学版）2007 年第 4 期，第 62 页。

③ 赵奎英：《美学重建与当代中国美学研究的四大形态》，《首都师范大学学报》（社会科学版）2020 年第 2 期，第 96—97 页。

④ 刘悦笛：《生活美学：为生活立“美之心”》，《光明日报》，中国共产党新闻网，http://theory.people.com.cn/n1/2019/0715/c40531－31233185.html.

学认为人是自然的一部分，在自然中生活，同时人又在社会中生活，所以生活中的自然是带有人文色彩的。自然之美是客观自然与生活重叠、与之发生关联而呈现出来的，在和人的互动关系中生发，向人类和社会内化生成。即是说，不管是面对山峦锦绣，还是面对一株花草，中国人都可以由此达到与之亲和沟通的境地，这恰恰来自中国美学的传统生活智慧。这就说明，在中国传统文化当中，无论是哪种自然之美，都必须是能够进入到中国人“生活世界”的美，“生活美学”恰恰构成了中国传统自然审美的基石①（图 5-4）。

图 5-4 巨然 雪图

中国传统文化中的“生活”如鸢飞鱼跃般存在，有着丰富的内涵与践履途径。按照法国哲学家列维纳斯的主张，当下的“存在”指的是“生活”，也就是一种与自身、与事物的直接私密关系。在此意义上，中国人其实早就参透了生活的价值，由古至今都生活在同一个现世的“生活世界”当中，而不执于此岸与彼岸之分殊，这就是中国人

① 刘悦笛：《中国“生活美学”翻身为全球美学——回应美国美学家托马斯·莱迪》，《文艺争鸣》2021 年第 1 期，第 80—81 页。

的大智慧①（图 5-5）。

图 5-5　马麟　郊原曳杖图

中国古典美学本源上就是一种“活生生”的生活美学，在此之上，中国美学可以为当今全球美学贡献出巨大的力量，因为中国“美学传统”既是生活的，也是审美的。当代的“生活美学”建构不能脱离传统而空创，需以中国古典美学为根基，形成一种古与今之间的“视界融合”。生活美学主张美学向生活回归，着力发掘生活世界当中的“审美价值”，提升现实生活经验的“审美品格”，志在增进当代人的“人生幸福”，这是非常重要的美学新突破。

① 刘悦笛：《生活美学：为生活立“美之心”》，《光明日报》，中国共产党新闻网，http://theory.people.com.cn/n1/2019/0715/c40531－31233185.html.

"生活美学"代表了中国美学的当下与未来。①

第二节 古代文人画中生活美学的当代价值

中国美学在形而上的"道"与形而下的"器"的统一中，凸显了审美的独特品质。今天的美学研究应在传统基础上回归到历史中，中国古典生活美学恰恰是在现实的生活世界中滋生的。中国古典生活美学建立在日常生活根基之上，但同时又超出日常生活和非日常的维度，在日常生活与非日常生活之间形成张力，使二者保持着一种不即不离的微妙关联。

在把握中国哲学思想与践行生活智慧上，中国美学是"道"的起点，也是"器"的终点，道器合一，始终同一。这也是一种"大美学"的观念。蔡元培先生提出的"美育代宗教"，正是意识到这种人生观可以起到宗教安顿人生的功能，从本质上来说也叫作"审美人生观"。"美学在中国乃是可以提供一种'人间性'的人生观和世界观。"②

从《诗经》中对普通劳动者的动人吟唱，到魏晋南北朝文人士大夫萌生的生命意识，到中晚唐抒情寄愤、感慨深切的诗词，再到宋元绘画中对山水的咏叹、世俗生活的展现，直至明清绘画中生命意识的感悟，都呈现了古人的生命情感和生命意志，从深层次上讲，也是文人在追求精神解脱和寻觅心灵归属的过程中，自我意识、生命意识的觉醒。从深切而广阔、丰富而灵活的价值维度出发，探寻中国古典生活美学的哲学思想核心和生活观念内容，是从"生"到"生存"再到"生活"，也是从"天地之心"到"审美之心"再到"生活之心"，其中蕴含了中国古代的生命智慧和生活观念（图 5-6）。

商周时期，儒家美学主导"礼乐相济"，然而随着"乐"的衰微，便转化

---

① 刘悦笛：《当代中国"生活美学"的发展历程——论当代中国美学的"生活论转向"》，《辽宁大学学报》（哲学社会科学版）2018 年第 5 期，第 144—150 页。

② 刘悦笛：《从"生活美学"到"情本哲学"——中国社会科学院哲学所刘悦笛研究员访谈》，《社会科学家》2018 年第 2 期，第 11 页。

图 5-6　唐寅　临流试琴图

为“礼”与“情”的合一，而且“乐”对于人而言的内在规定就在于“性感于物而生情”之“情”。在道家思想中，生命和生活都有潜在的规律，就是“道”，只要顺乎自然，就能得“道”，人们就能获得愉悦。这个“自然”，不是自然客观存在物，而是一种不断超越文化和社会习俗的规律，顺乎自然或者说合乎“道”的生活才是本真的生活，就是通过创造使生活充满变化，在变化中获得本真体验的生活。反映在现实生活中，这就是中华文化传统中的艺术化生活。所以，从生活美学与“情之本体”的角度来重思，儒道两家的生活美学是同体化的互补，恰恰构成了“通天下之忧乐”的圆融境界。禅宗生活美学虽起于“出世”之“忧”，但“禅悦”却如此亲和与现世生活相通。儒、道、禅之“乐”都是归属于生活并始终未超离于生活的。回到古人的“生活世界”来把握中国古典生活美学，将探索一条“回归生活”的新路①（图5-7）。

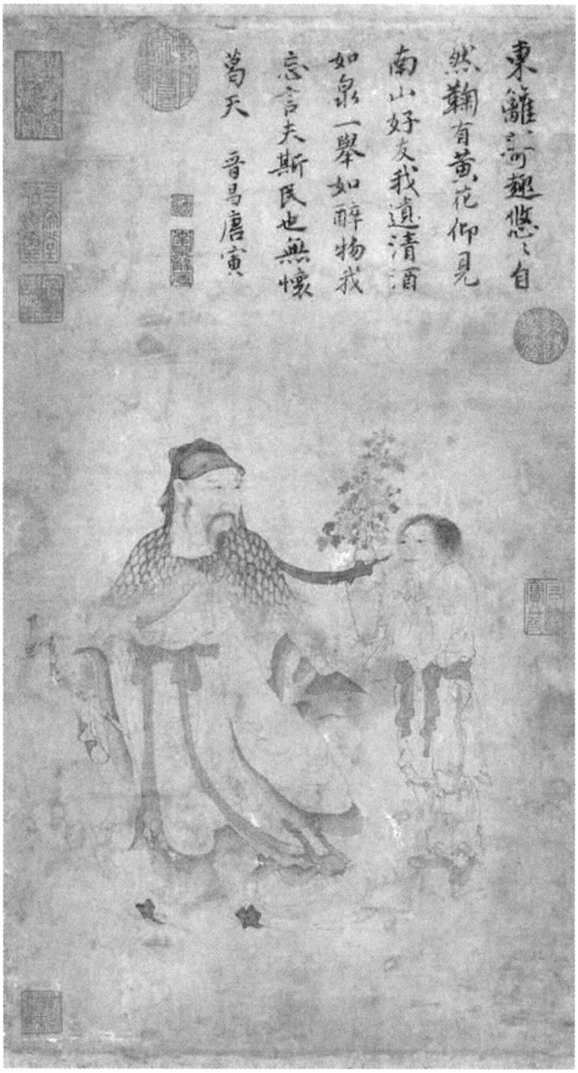

图 5-7　（传）唐寅　采菊图

① 刘悦笛：《儒道生活美学——中国古典美学的原色和底色》，《文艺争鸣》2010 年第 13 期，第 3—11 页。

传统中国文人的生活美学建立在充沛的人文思想基础上，具体体现在诸如挂画、焚香、煮茶、插花等生活形式上，从文人书斋到园林庭院，再延展到户外的山水雅集，使得传统中国的人文精神获得延续。传统文人生活美学的核心在于“生生之德”的创造性，从而生发出“生活”的自我创造的积极价值，这对于现代人应对生活的困境具有启示意义（图 5-8）。

图 5-8　佚名　松荫论道图

20 世纪 50 年代，中国美学研究主要集中在对“美的本质”的追寻；90 年代，转向了美学本体研究；新世纪以来，生活美学出现并获得全面的发展。2004 年开始，《文艺争鸣》《文艺研究》等杂志相继开辟专栏，发表多篇论文，对“日常生活审美化”展开讨论。2010 年，由国际美学协会（IAA）主办的第 18 届世界美学大会（International Congress of Aesthetics）第一次在中国召开，并特别开设了“传统与当代：生活美学复兴”与“日常生活美学”两个专题会场。同年 11 月，“亚洲艺术学会”（ASA）所举办的京都年会设立了“日常生活的艺术”主题。2012 年，中国举办主题为“生活美学：东方与西方的对话”的国际美学会议，在国际视野下探讨与展望“生活美学”的发展与未来。2017 年，《人民日报》开设《美在生活》专栏，发表了涉及茶、酒、扇、花道、食物、工匠、清玩、书房、藏书、家具、绿植、春游、避暑、沐浴、梦象、半耕半读等各个方面的文章多篇。2017 年 10 月，复旦大学中文系举办了“‘生活美学’学术研讨会”，国内外美学界 40 余位学者参与研讨。大会既对“生活美学”这一概念本身和生活中众多具体审美现象进行了分析，也指出了“生活美学”需要批判继承的古今中外的思想资源，以及“生活美学”的诸多未来实践方向。

学术界对生活美学的研究领域进一步扩大，改变了以文艺为中心的研究方式，包含了更为丰富的衣、食、住、行、休闲、文艺、民俗、时尚等关联人们生活的重要文化现象。在研究方法上，除传统的史论结合、文献解读之外，借鉴社会学和人类学的研究方法，采取整体论的视角，将日常生活作为一种文化现象，置于社会文化语境之中加以解读；借鉴田野调查式的研究方法，对典型人物或典型文化现象进行个案研究，以局内人的眼光深入其内部，对个人生活史加以挖掘，探讨其中的美学意蕴。民国时期，张爱玲、林语堂曾在抗战的时代背景下通过展现“生活的细节”“生活的艺术”，试图于宏大叙事的废墟中，为生活注入意义，构建一种精致的文化生活美学。①

在中国传统哲学观中，人与万物本是一体。只有现实生活中的人热爱生活，对美好生活有憧憬和向往，才会有所追求，生活美学在人生中的体现就是人生境界实现的过程。“所谓生活美学，也就是将美的始源、根柢、存在、本质、意义、价值等直接安放于人类感性具体丰盈生动的日常生活世界之中的美学。”② 正如朱光潜先生提出的艺术生活化与生活艺术化，也是“以出世

---

① 赵强：《“新世纪生活美学转向：东方与西方对话”国际研讨会综述》，《美育学刊》2013 年第 1 期，第 118—119 页。

② 仪平策：《生活美学：21 世纪的新美学形态》，《文史哲》2003 年第 2 期，第 123 页。

的精神做入世的事业”。生活美学正是通过对现实生活的审美观照，发现并确认存在的意义，从而不断提升人类的幸福感。

席勒在《美育书简》中指出，现代化是历史的必然，与现代工业文明相伴随的社会现实生存状态又导致了人性的分裂，个体的人逐渐变成了碎片式的符号。进而，席勒指出了通过美育的求解之途，即通过审美消除感性力和精神力的紧张对立，在一种松弛的状态下恢复本性，从而成为一个和谐完整的整体。美育是以情感为线索而展开的，因此它能以一种相对稳固、延续的姿态来抵御知识在当代语境下的碎片化和迭代，并使受教育者在处世心态上获得一份自主与从容。

西方美育理论认为，美育首先在于欣赏艺术，提升艺术情趣，其次要培养审美能力，进而提升自我和改造世界。从宏观的意义上说，美育蕴含了对文化多样选择的尊重与理解，进而推动人类发展和社会进步。生活美学主张美学向生活回归，着力发掘生活世界当中的“审美价值”，提升现实生活经验的“审美品格”，志在增进当代人的“人生幸福”，也就是把“生活世界”与“审美活动”沟通甚或同一起来的哲学新构。① 因此，新时代的中国美育，既要在理论上回归“生活美学”，倡导一种崭新的“生活美育”，也要在践行上走向一种革新的“观赏文明”，最终其整体的目标就是构建一种审美化的“文明生态”。审美不仅是一种“文明素养”，而且也是一种“文化人权”。“观赏文明”是一个社会的文明程度的感性标志，要从“观赏文明”的建构走向一种审美化的“文明生态”。②

有学者提出，生活美育是一种“大美育”，即一种不限定于艺术教育的完全美育观念，它包括目标、功能、途径与建设的美育，以及学校、家庭、社会的美育，跨越多个学科，覆盖多个环节，囊括多个领域。③

“通过参与社会审美活动，个体与社会之间的公共性对话得以具体形成，

---

① 刘悦笛：《当代中国“生活美学”的发展历程——论当代中国美学的“生活论转向”》，《辽宁大学学报》（哲学社会科学版）2018 年第 5 期，第 150 页。

② 刘悦笛：《从“生活美育”建成“观赏文明”——如何走向审美化的“文明生态”》，《杭州师范大学学报》（社会科学版）2013 年第 4 期，第 87—91 页。

③ 郭成、赵伶俐：《大美育效应》，北京师范大学出版社 2017 年版，第 7 页。

社会美育活动对接受者公共意识、文化自觉意识的影响与塑造得以实现。”[①] 在大美育的体系中，社会美育的重要意义被重新认识。

广义的“社会美育”，通过各种美育活动塑造大众国家认同、文化认同的审美文化价值观。在广义上，“社会美育”更凸显“社会性”，即审美与社会精神文明、日常生活礼仪、流行时尚、消费行为等社会活动的关联。社会美育通过社会文化艺术机构，实现对大众的历史与国家认同、审美文化共识的建设。在这个意义上，社会美育是现代国家治理体系中体现国家文化意识形态建设的一个重要维度。因而广义的“社会美育”，贯穿于美育在家庭、学校、社会三大部分的整体系统中。[②] 狭义的“社会美育”，是在与学校、家庭美育不同的社会生活空间中，针对多样的接受群体，运用丰富而多层次、多样化的渠道和产品，建构精神充实、社会文明的审美文化共识。[③] 日常生活中参观博物馆、美术馆、自然保护区，去音乐厅、剧场观看演出或参与业余艺术活动等，都是参与社会美育活动。

在社会美育的践行过程中，对业已发展较为成熟的学校美育的借鉴体现在“互仿”和“渐融”两个方面。“互仿”是指学校美育与社会美育相互借鉴，在对方领域内已经过实验、形成、推广，且收得良好反馈的方法论，并在本领域的实践工作中进行效仿。美术馆借鉴学校美育的课程意识和教材意识，已通过独立课程研发、教材引进等方式从围绕“物的教育”的形式转向“人的教育”。“渐融”是指学校美育与社会美育在发展过程中从偶尔产生交集，逐渐衍生出固定的、系统化的教育合作模式。学校和社会美术机构如美术馆、博物馆、社区等在双方都重视合作的前提下，于社会美术机构中所呈现的真实情境可以催生美的体验，对社会美术机构来说也是资源和职能的拓宽。[④]

其中美术馆是社会美育不可忽视的重要载体。以美术馆为载体开展审美教育的优势是，通过艺术品原作展览和复现美术史场景，引导观众体验艺术“此时此地的光韵”，在质感、观感、情感等方面实现对真实性的追求；同时

---

① ［英］托尼·本尼特：《文化与社会》，王杰等译，广西师范大学出版社 2007 年版，第 45 页。

② 孔新苗：《“社会美育”三题：含义、实践、功能》，《美术》2021 年第 2 期，第 10 页。

③ 尹少淳、孟勐：《学校美育与社会美育的互仿与渐融》，《美术》2021 年第 2 期，第 14 页。

④ 尹少淳、孟勐：《学校美育与社会美育的互仿与渐融》，《美术》2021 年第 2 期，第 9 页。

美术馆自身也是一个与美术史相连的艺术发生场，其通过将观众对艺术的主观态度融入审美活动之中，也将成为美术史在当代的书写方式，而展厅里的当代人，也将成为艺术史的参与者。

党的十九大以来，教育部和国务院曾于2019年4月和2020年10月先后印发《关于切实加强新时代高等学校美育工作的意见》及《关于全面加强和改进新时代学校美育工作的意见》，指出要以马克思美育观为指导，进一步建构美育体系，强化美育育人功能。在这样的背景下，引导学生在艺术熏陶与滋养中形成审美感官的愉悦，进而实现综合素养的提升与理想信仰的升华，可从中华传统文化的宝贵遗产中寻得有效路径。古代绘画不仅是艺术技巧的娴熟运用和超越，其中文人形象与文人活动环境的完美融合，更是文人精神世界的真实外显，成为后人认识那个时代的重要渠道。2020年12月19日，在《美术》杂志社与陕西师范大学主办的“当代美育建设与美术教育发展高峰论坛”上，与会学者提出经典艺术的引领与生活审美化，是实现美育落地的最佳方式。而中国古代文人画中的生活美学，恰恰融合了这两个方面，以此为契机，中国美育应该可以走上一条风景优美的路途。

一、由形式美育向实质美育转变

18世纪，德国哲学家席勒提出“美育”的概念，之后学术界不断对其进行丰富。1906年，王国维将“美育”引入中国，并发文提倡将其列入教育方针。经过不断演进，对于美育研究也逐渐深入。狭义的美育一般界定为“艺术教育”“美学知识的教育”“审美经验的教育”“陶冶情感的教育”等；广义的美育则是指“全面育人”的教育，是通过培养受教者身心协调发展从而全面提升综合素养的教育。从学科和教学的角度理解，可以理解为美育是将培养“完整的人”的理想渗透于各种形式和个体成长各个阶段的教育。由此看来，美育的概念凸显了由形式美育向实质美育的转变，从而使以培养对象个体的审美素养为目标的教育，走向了以此方式追求完满的人性和诗意境界的现代实质美育。这与席勒在《审美书简》中所提出的美育培养感性力量与精神力量达到尽可能和谐的目标也更为契合。

接受学校教育不仅是学习知识、开阔学术视野并将其运用到社会的过程，更重要的是“推进到对自身经验进行批判性反思的理性层面，能对所学习的东西持有自己的看法”①，从而建构完整独立的人格。古代文人画中或独处或雅集的文人形象，通过对世间万物的静观，发现自然之美的存在，通过对社会生活的反思，达到情感与理性的平衡，为实现当代美育由形式美育向实质美育转变展现了独特的视角（图 5-9）。

图 5-9　刘贯道　消夏图

二、由艺术教育向通识教育转变

从美育的内涵和目的来看，美育的核心宗旨并不能局限于个体艺术技巧的提升和艺术知识的丰富，“而在于通过对于艺术经验的感知，达到个人整体直觉能力的拓展和完善，关注人作为知觉和感性存在的具体性和可能性”②。所以艺术教育并不能完全涵盖美育的全部。美育的本质接近于 19 世纪兴起的通识教育。通识教育旨在本着自由探究的精神，通过全面的艺术内容，提高个体的综合素质。1945 年由哈佛大学出版社出版的《民主社会中的通识教育》明确提出了通识教育的目的是培养具有思考、交流、判断和辨别能力的全人，

---

① ［英］罗纳德·巴尼特：《高等教育理念》，蓝劲松主译，北京大学出版社 2012 年版，第 4 页。

② 李牧：《欧美高校本科教育中的美育观念与实践及其对中国高等教育的启示》，《美育学刊》2020 年第 7 期，第 12 页。

这不仅包含了道德价值层面，还包含了审美价值层面。

走向通识教育的学校美育要在努力建立不同学科的共通性基础上，使学生在校内获得的知识、能力长远影响到他们离开校园后的工作与生活，帮助他们以“人类共同体”的角色更直观地感知宇宙自然和人类世界，更明确地判断自我意识的确认和价值，更深刻地反思理想信仰和生命意义。古代文人画山水或园林中的文人活动，是对外在世界的拓展，也是对内心世界的延伸，在自然美中融注深沉的历史感和人生感慨，最终看透荣辱穷达，修炼成“也无风雨也无晴”的超脱自在。这近千年前浮光掠影的瞬间，定格为永恒的文化形态，引导着今天从艺术教育走向通识教育的当代学生（图 5-10）。

图 5-10　刘贯道　梦蝶图卷

三、由学校美育向“大美育”转变

从社会发展和人类进步的角度分析，“美育固然是学校教育，但也是一种特殊的人本精神教育。即通过催发人的本质情感，而实现自发追求美善的目的”[1]。尤其是在中国传统文化中，更为注重生活美学赋予人类心灵上的滋养

① 周星：《新背景下的艺术审美教育思考》，《中国艺术学的传统资源与当代建构：第 11 届全国艺术学年会论文集》（第 1 卷），中国文联出版社 2016 年版，第 79 页。

与慰藉，所以新文化运动中蔡元培提出“以美育代宗教”的观点，倡导美育对象将审美的态度贯穿于整个生活和生命状态之中。这与马克思主义美育“自由自觉”的指向是一致的，即将从个体的阶段性的专项教育，转型到包括学校美育、家庭美育和社会美育的贯穿终生的教育，最终实现人性本真回归和人类终极关怀的最高目标。

古代绘画中的文人在山水和园林中，积极探索自然宇宙之理，高度关注社会伦理，并把对生命最高度的把握和最深度的体验贯彻到社会生活实践中，既遵循社会生活里的秩序条理，又能调节个体内心实现自适和谐，没有任何矛盾冲突，山自山，水自水，既可独自沉浸于漫步赏花、泛舟观云、书房读经、亭中入梦，也能与人分享林间品茗、园中评画、静坐听琴、山野论道，悠游在这从容自由的境界。外在的“物”与内在的“我”的交流与互现滋养出诗意的审美情趣，哲思的光辉直接照射到了生活的每一个角落，回归到万物一体的家园。这和谐安宁的世界是文人精神的外现，蕴含了对社会的干预和对人生的思考，有必达之隐而无难显之情：执着于自我价值和理想的实现，保持顽强坚定的信念和乐观旷达的精神；面对人生命运又超然物外，力求自我超脱和超然自适的人生态度，进退自如，宠辱不惊，既坚持操守又涵心养性，追寻精神的自由境界（图 5-11）。

与时俱进的学校美育既要紧密结合时代背景，从民族传统文化中，凝聚坚定的家国担当和自觉的社会责任感，内化为新时代的民族精神和文化自信，也要融入当代学生的现实需求，以个体生存环境为出发点，把审美的态度融入人的整个生命，并享受追求自身存在价值的过程。如何在学校、家庭和社会全面的美育氛围中，潜移默化地培养当代学生成长为有悲天悯人情怀的生活艺术家，以诗情的态度对待万物，以哲思的深度反省自身，古代文人画中隐藏着我们正在找寻的答案。

尽管当前我国的美育体系尚在不断构建和完善的过程中，但在秉持“以文化人、以美育人”发展理念的基础上，不断深入汲取传统艺术的文化精髓，从而提升民族素养，推动社会进步，不仅是民国时期以蔡元培先生为代表的有识之士未实现的共同追求，也是新时期弘扬中华美育精神的历史使命。古代文人画“虽一时寄兴于丹青，而千载流芳于金石间”（清代邹一桂《小山画

图 5-11 佚名 宋人人物图

谱·画鉴》），其中所蕴含的文人精神穿越了时光，春风化雨般地浸润着当代美育由形式美育向实质美育、由艺术教育向通识教育、由学校美育向“大美育”的转变历程，同时也在当代文化品格的熔炼过程中完成了传统文化的现代性阐释。

结　语

古代文人通过绘画艺术创作将中国古典美学具象表现为日常生活中的景、物、人，因此古代文人画是文人生活美学思想的视觉化呈现，体现了文人的人生态度，其审美范式寄寓了中国文化中通过转化现实生存从而实现追寻自由的审美理想，并形成了一批富有研究价值的著述。新时代视野下，古代文人画中的东方生活美学，不仅可以为建立生活美学体系提供理论依据，也将在实践上推动当代生活美学的发展，指导当代人的生存实践。

在研究文人画历史、文人画家与其作品的基础上，运用跨学科的研究方法，全面系统研究古代生活美学在文人画中的视觉化呈现，剖析探讨历代文人绘画的审美范式，并对古代文人画所践行的生活美学理论代表性著作进行分析，探讨古代文人画中所体现的东方生活美学，可为在当代视野下建立生活美学体系提供理论依据。通过审美的方式把握生活，将传统艺术与当前民族文化的建设发展联系起来，不仅有助于民族艺术的传承与发展，也能丰富文化艺术体系建设内容。

费孝通先生说："文化自觉指的是生活在一定文化中的人，对其文化有'自知之明'，明白它的来历、形成过程、所具有的特色和它发展的趋向，不带任何'文化回归'的意思，不是要复旧，也不主张'全盘西化'。自知之明是为了加强对文化转型的自主能力，取得决定适应新环境、新时代文化选择的自主地位。"①

① 费孝通：《费孝通文集》（第十四卷），群言出版社1999年版，第166页。

新时代背景下，中国特色社会主义文化思想赋予了“文化自觉”新的内涵。由文化自觉带来的文化反思，是在全面掌握自身的前提下，通过提高转型能力与可持续发展能力，最终实现文化自信。因此了解文化自觉是中华民族高度的文化自信的源头与坚实支撑，二者共同建构了文化自主性的基础和文化主体最鲜明的精神标识。同时文化自觉也是正确认识自身文化与其他文化的演变，以及沟通借鉴、对话交流、共同发展的必然路径，中国文化包容多元价值标准共存的宏观格局，为实现文化全球化提供了中国之道。

文人画中的中国古典生活美学体现了形而上视角下对于现世的关切，这是中华民族传统文化的巨大力量，也是新时代视野下中国美学现代转型的历史性根基和基本学术品格，这种“在世”的品格立足于世俗社会和现世存在，通过观照人生和社会的审美经验，探索生活品质、人格修养、民族精神等问题，实现对人类文化关怀的终极理想。它影响着中国构建当代生活美学，对中国社会现代变革进程中的审美教育亦产生了深远影响。历史上的王国维、梁启超、蔡元培、朱光潜、宗白华、王朝闻等大师，当下的叶朗、王一川、刘悦笛、周星、尹少淳、孔新苗等一大批学者都对此进行了深入探索。中国古典生活美学贯穿了中国文化发展的始终，不仅有着多样的表现形态和发展脉络，还潜在地影响着今天中国美学和世界美学的发展格局。

参考文献

著作：

［1］翟耆年．籀史［M］．北京：中华书局，1985.

［2］赵希鹄．洞天清禄集［M］．北京：商务印书馆，1939.

［3］罗大经．鹤林玉露·丙编（卷 4）［M］．王瑞来点校．北京：中华书局，2008.

［4］周履靖．画评会海［M］．涵芬楼据明万历刻本影印本．北京：商务印书馆，1932.

［5］计成．园冶［M］．北京：中华书局，2011.

［6］陈继儒．太平清话（卷二）［M］．北京：商务印书馆，1936.

［7］陈继儒．小窗幽记（外二种）［M］．罗立刚校注．上海：上海古籍出版社，2010.

［8］冯梦祯．快雪堂集（卷四五）［M］．明万历四十四年刻本．1616.

［9］钱谦益．牧斋初学集（卷七八）［M］．上海：上海古籍出版社，1985.

［10］李渔．李渔全集［M］．杭州：浙江古籍出版社，1991.

［11］李渔．闲情偶寄［M］．单锦珩点校．杭州：浙江古籍出版社，2010.

［12］叶·查瓦茨卡娅．中国古代绘画美学问题［M］．陈训明译．长沙：湖南美术出版社，1987.

［13］高居翰．中国名画集萃［M］．戴行钺译．成都：四川美术出版社，1988.

［14］柳田圣山．禅与中国［M］．毛丹青译．北京：生活·读书·新知三联

书店，1988.
［15］中村不折，小鹿青云．中国绘画史［M］．郭虚中译．杭州：浙江人民美术出版社，2013.
［16］阿诺德·伯林特．环境美学［M］．张敏，周雨译．长沙：湖南科学技术出版社，2006 .
［17］罗纳德·巴尼特．高等教育理念［M］．蓝劲松主译．北京：北京大学出版社，2012.
［18］托尼·本尼特．文化与社会［M］．王杰等译．桂林：广西师范大学出版社，2007.
［19］孙康宜．剑桥中国文学史（下卷）1375—1949［M］．刘倩等译．北京：生活·读书·新知三联书店，2013.
［20］黑格尔．美学（第一卷）［M］．朱光潜译．北京：商务印书馆，1997.
［21］卜寿珊．心画：中国文人画五百年［M］．皮佳佳译．北京：北京大学出版社，2018.
［22］方闻．超越再现：8 世纪至 14 世纪中国书画［M］．李维琨译．杭州：浙江大学出版社，2011.
［23］柯律格．中国艺术［M］．刘颖译．上海：上海人民出版社，2013.
［24］舒斯特曼．身体意识与身体美学［M］．程相占译．北京：商务印书馆，2011.
［25］吴仁杰．离骚草木疏（丛书集成本）［M］．北京：商务印书馆，1939.
［26］陈师曾．中国文人画之研究［M］．天津：天津古籍出版社，1982.
［27］宗白华．宗白华全集（第 2 卷）［M］．合肥：安徽教育出版社，1994.
［28］朱良志．南画十六观［M］．北京：北京大学出版社，2013.
［29］朱良志．生命清供：国画背后的世界［M］．北京：北京大学出版社，2008.
［30］卢辅圣．历史的象限［M］．上海：上海书画出版社，2003.
［31］卢辅圣．中国文人画史［M］．上海：上海书画出版社，2012.
［32］吴经熊．内心悦乐之源泉［M］．台北：东大图书公司，1989.
［33］梁漱溟．思索领悟辑录［M］//梁漱溟．梁漱溟全集（第 8 卷）．济南：山东人民出版社，2005.

[34] 陈鼓应. 庄子今注今译（上册）[M]. 北京：商务印书馆，2003.
[35] 叶秀山. 美的哲学 [M]. 北京：人民出版社，1991.
[36] 钱穆. 中国历史研究法 [M]. 北京：生活·读书·新知三联书店，2013.
[37] 唐君毅. 中国文化之精神价值 [M]. 桂林：广西师范大学出版社，2005.
[38] 陶弘景. 答谢中书书 [M] //严可均. 全上古三代秦汉三国六朝文·全梁文（卷 46）. 北京：中华书局，1985.
[39] 恽寿平. 南田画跋 [M]. 毛建波校注. 杭州：西泠印社出版社，2008.
[40] 李勃洋. 东坡禅话 [M]. 北京：中华书局，2011.
[41] 孙作云. 孙作云文集·诗经研究 [M]. 郑州：河南大学出版社，2003.
[42] 陈植. 长物志校注 [M]. 南京：江苏科学技术出版社，1984.
[43] 林西莉. 古琴 [M]. 北京：生活·读书·新知三联书店，2009.
[44] 陈鼓应. 老子注译及评介 [M]. 北京：中华书局，2009.
[45] 朱易安等. 全宋笔记（第 2 编）[M]. 郑州：大象出版社，2006.
[46] 陈从周. 说园 [M]. 上海：同济大学出版社，2017.
[47] 陈植. 园冶注释 [M]. 北京：中国建筑工业出版社，1988.
[48] 宗白华. 美学散步 [M]. 桂林：广西师范大学出版社，2005.
[49] 郭成，赵伶俐. 大美育效应 [M]. 北京：北京师范大学出版，2017.
[50] 费孝通. 费孝通文集（第十四卷）[M]. 北京：群言出版社，1999.
[51] 李泽厚，刘纲纪. 中国美学史（第一卷）[M]. 合肥：安徽文艺出版社，1999.
[52] 徐建融. 法常禅画艺术 [M]. 上海：上海人民美术出版社，1989.
[53] 林木. 论文人画 [M]. 上海：上海人民美术出版社，1987.
[54] 冯友兰. 中国哲学简史 [M]. 北京：新世界出版社，2004.
[55] 冯友兰. 三松堂全集（第 5 卷）[M]. 石家庄：河北人民出版社，2001.
[56] 刘悦笛，李修建. 当代中国美学研究（1949—2009）[M]. 北京：中国社会科学出版社，2011.
[57] 刘廷乾. 江苏明代作家研究 [M]. 南京：东南大学出版社，2010.
[58] 夏之放. 文学意象论 [M]. 汕头：汕头大学出版社，1993.
[59] 金学智. 中国园林美学 [M]. 北京：中国建筑工业出版社，2005.

［60］陈秀芬．养生与修身：晚明文人的身体书写与摄生技术［M］．台北：稻乡出版社，2009.
［61］黄永川．中国插花史研究［M］．杭州：西泠印社出版社，2012.
［62］俞剑华．中国画论类编［M］．北京：人民美术出版社，2016.
［63］余英时．士与中国文化［M］．上海：上海人民出版社，2003.
［64］徐复观．中国艺术精神［M］．北京：商务印书馆，2010.
［65］余城．宋代绘画发展史［M］．北京：荣宝斋出版社，2017.
［66］张海鸥．两宋雅韵［M］．北京：北京师范大学出版社，2009.
［67］徐习文．理学影响下的宋代绘画观念［M］．南京：东南大学出版社，2010.
［68］朱良志．扁舟一叶——理学与中国画学研究［M］．合肥：安徽教育出版社，2006.
［69］胡建君．我有嘉宾——西园雅集与宋代文人生活［M］．上海：上海文艺出版集团，2012.
［70］彭慧萍．虚拟的殿堂：南宋画院之省舍职制与后世想象［M］．北京：北京大学出版社，2018.
［71］陈传席．中国绘画美学史［M］．北京：人民美术出版社，2012.
［72］余英时．士与中国文化［M］．上海：上海人民出版社，2003.
［73］李泽厚．美的历程［M］．北京：生活·读书·新知三联书店，2009.
［74］程明霞．文心后素——文人画艺术研究［M］．南京：东南大学出版社，2007.
［75］刘悦笛．生活美学与艺术经验［M］．南京：南京出版社，2007.
［76］刘悦笛，赵强．无边风月——中国古典生活美学［M］．成都：四川人民出版社，2015.
［77］刘悦笛．生活中的美学［M］．北京：清华大学出版社，2011.
［78］张轶．生活美学十五讲［M］．北京：北京师范大学出版社，2011.
［79］高居翰，黄晓，刘珊珊．中国古代园林绘画：不朽的林泉［M］．北京：生活·读书·新知三联书店，2012.
［80］尚刚．烟霞丘壑——中国古代画家和他们的世界［M］．北京：北京大学出版社，2018.

［81］赵思毅，张赟．中国文人画与文人写意园林［M］．北京：中国电力出版社，2006．
［82］王其钧．中国古代绘画中的建筑与环境［M］．北京：中国建筑工业出版社，2006．
［83］吴欣．山水之境——中国文化中的风景园林［M］．北京：生活·读书·新知三联书店，2015．
［84］第 11 届全国艺术学年会论文集（第 1 卷）［C］．北京：中国文联出版社，2016．

论文：

［1］李牧．欧美高校本科教育中的美育观念与实践及其对中国高等教育的启示［J］．美育学刊，2020（7）．
［2］李立．感性话语陈述与生活美学——中国古典美学的知识构型及其当代启示［J］．中华文化论坛，2017（2）．
［3］刘广新，胡友峰．从理论美学到生活美学［J］．东岳论丛，2007（2）．
［4］刘悦笛．儒道生活美学——中国古典美学的原色与底色［J］．文艺争鸣，2010（13）．
［5］刘悦笛．当代中国“生活美学”的发展历程——论当代中国美学的“生活论转向”［J］．辽宁大学学报（哲学社会科学版），2018（9）．
［6］刘悦笛．“生活美学”与当代中国艺术史——在亚洲艺术学会京都年会上的演讲［J］．文艺争鸣，2011（2）．
［7］刘悦笛．回归生活世界的“生活美学”——为《生活美学》一辩［J］．贵州社会科学，2009（2）．
［8］刘悦笛．“生活的”实践与“实践的”生活——从现象学解读马克思美学的经典文本［J］．江西社会科学，2005（5）．
［9］刘悦笛．“生活美学”的兴起与康德美学的黄昏［J］．文艺争鸣，2010（5）．
［10］刘悦笛．“生活美学”建构的中西源泉［J］．学术月刊，2009（5）．
［11］刘悦笛．“生活美学”：是什么与不是什么［J］．艺术评论，2011（4）．
［12］刘悦笛．“生活美学”：建树中国美术观的切近之途［J］．美术观察，2010（4）．

[13] 刘悦笛. 中国“生活美学”的物体系——明清趣味与赏物之美 [J]. 江苏行政学院学报，2018 (4).
[14] 刘悦笛. 从当代艺术、环境美学到生活美学——从第 18 届世界美学大会观东西方美学新主潮 [J]. 艺术百家，2010 (5).
[15] 刘悦笛. 日常生活审美化与审美日常生活化——试论“生活美学”何以可能 [J]. 哲学研究，2005 (1).
[16] 李修建. 生活美学：书写中国美学史的新视角——兼论李泽厚的中国美学研究 [J]. 文艺争鸣，2011 (5).
[17] 王江松. “生活美学”：是这样可能的——评刘悦笛的《生活美学》[J]. 贵州社会科学，2009 (2).
[18] 杨家海. 反思中国大众文化语境下的生活美学 [J]. 长江大学学报（社会科学版），2013 (10).
[19] 廖建荣. 生活美学：环境美学的新拓展 [J]. 广东社会科学，2019 (6).
[20] 谢珊珊. 休闲与审美：古代文人自主生命的追求与超越 [J]. 东岳论丛，2011 (6).
[21] 叶玉露. 生活美学的含义、理论溯源及实践展开 [J]. 华北水利水电学院学报（社科版），2012 (5).
[22] 薛富兴. “生活美学”面临的问题与挑战 [J]. 艺术评论，2010 (10).
[23] 黄涓，徐平. 从“天下大同”到“人类命运共同体”——费孝通“文化自觉”的新时代回声 [J]. 中南民族大学学报（人文社会科学版）网络首发版，2021 (3).
[24] 王确. 中国美学转型与生活美学新范式 [J]. 哲学动态，2013 (1).
[25] 朱良志. 禅门“青青翠竹总是法身”辨义 [J]. 江西社会科学，2005 (4).
[26] 邓珏. 凝视与倾听——论宋代雅趣绘画中的文人视听形象 [J]. 文化遗产，2018 (1).
[27] 张洪波，赵启斌. 略论儒家思想与中国画人文精神 [J]. 国画家，2013 (6).
[28] 长北. 天人合一——中华传统艺术与文化传统之关系研究 [J]. 艺术百家，2012 (3).
[29] 赵强. 说“清福”：关于晚明士人生活美学的考察 [J]. 清华大学学报

（哲学社会科学版），2014（4）.
［30］李春青.“文人身份”的历史生成及其对文论观念之影响［J］.文学评论，2012（3）.
［31］施荣华.中国文人画的禅宗美学精神［J］.云南师范大学学报，2002（5）.
［32］朱良志.水不流花不开的寂寞［J］.艺术百家，2009（5）.
［33］妥建清.生活即审美：晚明社会生活美学探蠡［J］.哲学动态，2018（8）.
［34］刘慧.解读元代文人画家的主观心灵世界［J］.艺术研究，2006（12）.
［35］杨帆.澄怀味道 妙造自然——论文人画审美观念的超越性［J］.学术界，2012（7）.
［36］张泽鸿.从《世说新语》旷观魏晋士人的生活美学［J］.文艺评论，2014（2）.
［37］曾婷婷.“生”：晚明文人生活美学的精神旨归［J］.山西师范大学学报，2014（7）.
［38］贺志朴.李渔的生活美学思想［J］.河北大学学报（哲学社会科学版），2013（5）.
［39］蒋继华.主体间性视域中的李渔生态美学思想［J］.文艺评论，2012（6）.
［40］李浩.《洛阳名园记》与唐宋园史研究［J］.理论月刊，2007（3）.
［41］黄俊杰.中国思想史中“身体观”研究的新视野［J］.现代哲学，2002（3）.
［42］陈立胜.“身不自身”：罗近溪身体论发微［J］.西北大学学报（哲学社会科学版），2012（1）.
［43］吴承学，李光摩.晚明心态与晚明习气［J］.文学遗产，1997（6）.
［44］王水照.宋代散文的技巧和样式的发展［N］.光明日报，1963-3-31.
［45］田军.《长物志》的生活美学研究［D］.上海：华东师范大学，2014.

后　记

本书是2020年度河北省社会科学发展研究课题“古代文人画中的生活美学及当代价值研究”（项目编号：20200402052）的最终成果。自该课题立项至本书的出版，得到了各方面的支持和帮助。同时本书也得到了2020年度河北省高等学校人文社会科学研究重点项目“宋代绘画中的文人活动与当代大学生美育研究”（项目立项编号：SD202012）和沧州师范学院科研创新团队（团队编号：cxtdw1911）的资助。

在多年的求学和工作经历中，我对中国古代绘画艺术产生了浓厚的兴趣。学术界历代先贤高洁的人格修养，成为我前行的引路明灯，他们在学术上的累累硕果，使我在学习探索的过程中具有了坚实的基础。无论是美学大师朱光潜、宗白华，当代学者叶朗、刘悦笛，还是其他为中国艺术和文化精神潜心钻研的每一位“问道人”，他们对艺术、生命和生活的热爱，使我感受到中国传统文化的无穷魅力，也感受到传承民族精神的任重道远，向他们表示我的敬意。

感谢我的单位——沧州师范学院。在单位各级领导和同事的引导和扶持下，我从一个刚毕业的学生成长为甘于寂寞的求知者，我取得的每一次进步和每一点成绩都离不开他们。感谢我的课题组成员们，因为有了志同道合者的互相学习和勉励，我的业务水平和科研能力有了提升。感谢我的家人，在我忙于工作时，他们的理解与包容，给了我克服困难的勇气与继续前行的动力。

古代文人画的研究需要深厚扎实的传统文化修养，生活美学的研究范畴包含了哲学、艺术学、文学、社会学等多个领域，虽然我尽力想将这个课题做得深入而全面，但终因能力有限，难免出现不妥之处，敬请批评指正。

刘晓宁

2021 年 5 月